變量

看見
中國社會
小趨勢

何帆
著

獻給未來的一代

感謝得到App的知識贊助

目次

第五章　阿那亞和范家小學

前言

這是一套年度報告系列叢書的第一本。這套叢書的寫作時間跨度是三十年，我會每年寫一本書，一共寫三十本，記錄中國歷史上一段最激動人心的時期發生的故事。

不是因為我過於狂妄，而是因為這樣一個偉大的時代激發出了像我這樣的凡人的雄心，使我試圖用忘我的工作，創作出比自己更宏大的事物。

本書的年度主題是衝擊與反轉。對這個主題最簡單的闡釋是：二〇一八年，中國經濟遇到了各種衝擊，但歷史從來都在勢能凝聚處出現轉折。

在本書的第一章，我會先介紹自己的方法論。我們會像觀察一棵樹一樣細緻地觀察中國的變化。通過觀察嫩芽和新枝，並不斷把目光拉回母體，我們才能更好地感知中國這棵大樹的生命力。我也會講到，我採用的預判未來趨勢、展示歷史面貌的方法是：在慢變量中尋找小趨勢。

當我們講到衝擊的時候，不能不談二〇一八年中美貿易摩擦。中美貿易摩擦只是一根樹枝，中美關係才是大樹。貿易摩擦本身並不值得過度恐慌，但中美關係出現轉捩點需要我們高度警覺。中美關係只是一棵樹，全球政治經濟格局才是森林。從小趨勢入手，我們需要格外關注各國政治經濟中正在湧動的一股暗流：民粹主義的興起。當我們觀察中美關係變化的原因時，不能只看到中美之間相對力量的變化，再往深層看，就會看到美國民粹主義帶來其國內政治撕裂。內政會影響外交。在未來的全球政治經濟格局中，民粹主義是一種誰也無法迴避的力量。

在中國經濟這棵大樹遭遇貿易摩擦帶來的暴風驟雨般的打擊之後，我們自然會關心它能不能撐得住。那就要檢查一下這棵樹的樹幹。過去三十年，推動中國經濟發展的三個最主要的慢變量是工業化、城市化和技術創新。我分別檢查了這三個慢變量：中國的工業化沒有停止，城市化沒有停止，技術創新也沒有停止。這三種慢變量一旦打開就無法合上，它們就像三股洋流，會繼續把我們帶到很遠的地方。

但是，在這三種慢變量中，我也發現了三個有趣的小趨勢。無論是工業化、城市化還是技術創新，都會出現意想不到的變化。當人們都在談論核心技術的重要性時，我發現，至少在技術創新的初期，尋找應用場景才是更重要的。最適合中國市場環境的戰略應該是充分發揮群眾的力量。當人們都在追捧網際網路等新興產業的時候，我發現，傳統產業的潛力可能被低估了。在網際網路深入傳統產業的腹地之後，會遇到難以攻克的城堡。老兵不死，他們只是穿上了新的軍裝，學會了新的打法，並會出人意料地絕地反擊。在這種情況下，最穩紮穩打的戰略應該是新舊結合，繼承與創新並重。當人們都在關心房價走勢的時候，我發現，城市在進行一場靜悄悄的「革命」。自下而上的力量浮出水面，這種力量會讓城市保持多樣性、開放性和創造力，並引發一場城市裡的「顏值革命」，讓人們有更大的空間自己創造美好生活。

最後，我還要告訴你，歷史從來都是一個「反轉大師」。在灰暗的背景下，不要忽視那些看似微弱的亮光。有些小趨勢會在很久之後才真正發揮威力。我看到的這種剛剛萌芽的小趨勢是重建社群。這種力量會逐漸修正，消除人性中的自私、偏見和戾氣，營造一種更和諧的公共生活，給我們自己，也給我們的孩子營造一個更有希望的未來。仔細觀察，你會發現，這股強大的力量就來自中國這棵大樹生生不息的生命力。

野火燒後，新木叢生。未來的歷史學家會把二〇一八年視為一個新的起點。

第一章　怎樣觀察一棵樹

二〇一八年是一個新的開端。生活在二〇一八年的人感受到的是中國經濟遇到的各種衝擊：中美貿易摩擦、經濟增長回落、股市下跌。他們會感到焦慮和擔憂。舊路標已經消失，新秩序尚未出現。未來三十年出現的一系列變化將挑戰我們的認知，但歷史從來都是一位「魔術師」，未來會出現意想不到的變化。在這一章，我會講述如何像細緻地觀察一棵樹一樣觀察歷史，怎樣從每年長出的「嫩芽」去判斷中華文明這棵大樹的生命力。我還會告訴你兩個重要的概念：慢變量和小趨勢。感知歷史，就要學會從慢變量中尋找小趨勢。

兩棵樹

在單調而廣闊的齊魯平原上，哪怕有一小片低矮的丘陵敢於站起來，也會給人以奇峰突起的感覺。我們進山的時候，夕陽正從厚厚的雲霾中努力探出頭，一會兒露出半圓，一會兒像一彎新月。繞過城頂山，向上攀登到山腰，就能看到兩棵樹。一棵是銀杏樹，另一棵也是銀杏樹。左邊的是雌樹，密密麻麻地掛滿了銀杏果；右邊的是雄樹，從樹根處又長出一叢叢細嫩的新枝。兩棵樹均高三十餘米，雄樹樹幹周長五・二米，雌樹樹幹周長六米，相距不過數米，虯曲蒼勁，枝柯交錯。這兩棵銀杏樹位於山東省安丘市石埠子鎮孟家旺村。

從這裡極目遠望，到處都能看到真實而殘酷的歷史。西北方是齊長城的遺址，依稀可以分辨出拱起之處，東北方是一九四三年日軍圍攻國民黨一一三師的戰場。山頂上還能看到玄武岩壘砌的牆基，這裡曾是撚軍紮營的地方。

真實的歷史幾乎湮滅，虛幻的傳說依然流傳甚廣。相傳，這兩棵銀杏樹是孔子在兩千五百年前手植。[1]孔子把女兒嫁給了公冶長，公冶長在此地結廬隱居，孔子是過來看望女兒女婿的。這兩棵樹真的是孔子手植？不管是不是真的，這個傳說為古樹增添了「仙氣」。兩棵樹的樹幹和樹枝上纏滿了紅布條，那是周圍的人們過來祈願時留下的。可是，孔子帶著幾位弟子周遊列國，大致的路線是朝西走，到過衛國、鄭國，困於陳、蔡之間。他是什麼時候東遊至當時屬於莒國的安丘的呢？兩棵銀杏樹的東側有一座公治長書院，相傳是公冶長讀書之處。按成書於明萬曆年間（一五七三—一六二〇）的《安丘縣志》所載，在明成化十三年（一四七七），安丘知縣陳文偉路過此地，看到公冶長書院「四壁俱廢，一址獨存」，始重修祠堂，後又數次重建。書院所存石碑中最早的是明代的，字跡已不可辨識，還有一碑是清道光年間（一八二一—一八五〇）所立。公冶長書院最早是什麼時候修建的？《論語》中只有一句話提到過公冶長，史上真有其人？

我問當地人，但沒有人能告訴我確鑿的答案。淳樸的山民笑著搖搖頭，熱情地請我品嘗剛剛摘下來的栗子。我們對歷史的熟悉程度還不如這兩棵樹。這裡看似安謐祥和，實則地勢險要，可以西入群山、東出平原，歷來是兵家必爭之地。這兩棵銀杏樹能夠歷經兵燹依然保持完好，是個奇蹟。我有無數個問題想問。一陣風吹來，銀杏樹沙沙作響，它們同情地看著我，像看一個迷路的孩子。

假如傳說是真的，那麼當我摩挲著這兩棵銀杏樹粗糙的樹皮時，冥冥之中，我可以和孔子的手相觸。假如中國的歷史三千年大略而計，三十年算一代人，那麼每一代出一位代表，只要一百人就能講完中國的歷史。這一百個人站成一排，也不過五十米長。這一百個人坐在

1 曹福亮，《中國銀杏志》（北京：中國林業，二〇〇八）。

一起，坐不滿一間大一點兒的教室。每一代中只要有一個人專心講述他們那一代三十年的故事，我們就能擁有一份相當完整、生動的歷史紀錄。

可是，那麼多的往事，為什麼都隨風遠逝，蕩然無存了呢？

三十年

二〇一八年，我在這兩棵樹前發了一個宏願：在未來三十年，我要每年寫一本書，記錄中國的變化。

在歷史上的重要轉折時期，身處其中的人們往往懵懂不知，但我們現在可以清楚地看到，中國歷史上很難再有像以後的三十年這樣令人激動人心的歲月了。雖然中國歷史從不缺驚濤駭浪、滄海桑田，但未來的三十年是我們從未經歷過的。我們已經進入一片沒有航海圖的水域，一系列重大的變化將挑戰我們的認知。沒有比書寫這一段我們即將親身經歷的時代更有意思的事情了。這就是我的目標：每年寫一本書，寫三十年，記錄中國最重要的一段歷史。

你正在讀的這本書，以及在它之後的二十九本書，與你所熟悉的年度大事記、年報等都不一樣：不是簡單地彙總每年的重大新聞事件，也不是回顧與展望每年的經濟社會形勢。我將採用一種新的體例。

我的目標讀者群和別的書不一樣。我想同時寫給當代的讀者和三十年後的讀者看。當代讀者站得離歷史太近，容易把局部的細節看成整體，把短暫的波動看成長久的趨勢，容易忽視正在萌芽的微小變量。我希望能夠按照歷史的真實比例描述每一個事件，幫你勾勒出歷史的清晰輪廓。未來的讀者已經知道了歷史的劇情，但隔著三十年的時間距離，很多細節已經模糊，我會幫你還原現場。假如真的有時間旅行機器，可以讓你回到三十年前，本書就是你和當年的人的接頭暗號，你能感知到和他們一樣的心情。

我敘述歷史的模式和別的書不一樣。我會努力尋找支撐中國未來發展的新變量。我對任何一個新變量的選擇，都是基於這樣的尺度：三十年後，在中國的社會經濟體系中，這個變量很可能會生長成一種不可或缺的支撐力量。我會親臨現場，幫你描述這個變量，讓你觸摸到它，感受到它的質感，同時，我還會告訴你這個變量背後的邏輯，讓你理解它是如何生長出來的，又將如何逐漸成長壯大。

我的觀察視角和別的書不一樣。我會嘗試用一種「鷹眼視角」來觀察這些變量：既看到遠處的群山，又看到草叢中的兔子。向遠望，方圓十公里的視野都能盡收眼底；盯住看，地上跑的一隻兔子的毛也能辨認清楚。我會既讓你看到生動的細節，又讓你看到宏大的全域。

我在過去一年內走訪了中國二十多個省市，巡遊了十多個國家，拜訪了政策制定者、智庫學者、大學教授、創業者、對沖基金操盤手、汽車工程師、房地產商、新聞記者、音樂家、律師、電子競技選手、咖啡店老闆娘、菜場小販、小學校長、小鎮青年、留守兒童等。這些變量是我為你沙裡淘金挖出來的閃光珍寶。

長河與大樹

我的目標是身臨其境地觀察和記錄當代歷史。說到寫歷史，有很多出色的歷史作家，他們是怎麼描述歷史的呢？

巴巴拉・塔奇曼（台灣譯作巴巴拉・塔克曼〔Barbara W. Tuchman, 1912-1989〕）是我非常喜歡的一位歷史作家。她寫過《八月炮火》（*The Guns of August*）、《史迪威與美國在中國的經驗》（*Stilwell and the American Experience in China, 1911-45*）等普立茲獎獲獎作品。《八月炮火》試圖解釋為什麼在一九一四年八月爆發了第一次世界大戰。為了寫這本書，她開著一輛雷諾車，同樣在一個八月，沿著德國入侵的路線（盧森堡、比利時、法國北部）重訪當年的戰場。她去測量默茲河的寬度，在這裡發生的列日戰役是第一次世界大戰的第一場戰役；她像當年的法國士兵一樣站在孚日山脈上俯視剛剛陷落的阿爾薩斯；她看到了田野裡一片掛著成熟麥穗的小麥，或許騎兵隊也從這裡走過。她對每一個細節千錘百鍊。有個讀者告訴她很喜歡《八月炮火》中的一段文字，那段寫到英軍在法國登陸的下午，一聲夏日的驚雷在半空炸響，抬頭看是血色殘陽。這是塔奇曼在一位英國軍官的回憶錄裡找到的真實細節。那位軍官就在現場，聽到了雷聲，也看到了日落。

塔奇曼志向宏偉，她認為最好的歷史作家應該把事實證據和「最廣博的智力活動、最溫暖的人類同情心和最高級的想像力」結合起來，但是在選擇敘事模式的時候，她忠實地堅持按時間順序的編年史寫法，一步步寫出歷史事件的來龍去脈，讓歷史像江河一樣流淌。[2]

這似乎是描寫歷史的唯一一種方式。這是自古以來人們對歷史的隱喻。子在川上曰，逝者如斯夫。赫拉克利特說，人不能兩次踏進同一條河流。我把這種敘述模式稱為「長河模式」。

為什麼哲人們會不約而同地選擇河流作為歷史的隱喻呢？文明的起源大多在河流岸邊，從幼發拉底河到尼羅河，從長江、黃河到密西西比河，河流把最古老的村莊、城市、國家連綴起來，流光溢彩。長河模式也符合物理學對時間的認識。熱力學第二定律表明宇宙中的熵

2 巴巴拉・W・塔奇曼（Barbara W. Tuchman）著，張孝鐸譯，《歷史的技藝：塔奇曼論歷史》（*Practicing History: Selected Essays*）（北京：中信，二〇一六）。推薦閱讀：巴巴拉・W・塔奇曼著，張岱雲譯，《八月炮火》（*The Guns of August*）（上海：上海三聯，二〇一八）。

只能增大，不能減小，這導致了時間的不可逆性。雖然在愛因斯坦的物理學體系中，時間也像河流一樣，在不同的地方以不同的速度流逝，但穿越時間回到過去是不可能的。尤其不能忽視的是，長河模式作為一種歷史觀，能夠讓人踏實。如果我們知道河流不管如何最終一定會匯入大海，就會擁有堅定的方向感。

沿著時間之河順流而下，我們大致可以知道未來三十年的模樣：

◉中國的GDP（國內生產總值）規模超過美國只是個時間問題。按照普華永道的預測，中國在二〇三〇年的GDP規模會超過美國，印度會緊隨美國之後。[3]

◉中國的人均收入從中等收入邁進高收入也只是個時間問題。按照國際貨幣基金組織的預測，大約在二〇二一年，中國的人均收入會超過一萬兩千零五十五美元這道高收入國家的門檻。[4]在中國之前加入高收入國家俱樂部的很可能是馬來西亞，而緊隨中國之後的有哥斯大黎加、黎巴嫩、土耳其、赤道幾內亞和俄羅斯。

◉中國進入老齡社會乃至深度老齡社會已是大勢所趨。二〇一六年年底，中國六十歲以上的老年人口已達二・三億，占總人口的百分之十六・七，到二〇二五年，中國六十歲以上的老年人口至少有三億。

◉據國際能源組織預測，大約到二〇四〇年，石油峰值將會到來。[5]能源格局的調整，勢必攪動全球政治經濟。

◉按照《生命3.0》（*Life 3.0: Being Human in the Age of Artificial Intelligence*）作者、物理學家邁克斯・泰格馬克（台灣譯作鐵馬克〔Max Tegmark〕）向科學界同行開展的問卷調查，大部分科學家認為相當於人類水平的通用人工智慧大約會在二〇五五年甚至更早出現。[6]技術奇點，在我們有生之年就可能降臨。

有一些結果我們現在就能預測，但這不代表著我們能知道未來。一個GDP規模比美國還大的國家會如何影響世界格局？在中國加入高收入國家俱樂部之後，中國人就能從此過上童話般的幸福生活嗎？一個白髮蒼蒼的老齡中國是什麼樣子的？人工智慧會怎樣替代人類的

---

3 PwC. *The Long View: How Will the Global Economic Order Change by 2050?* London: Pricewaterhouse Coopers, 2017.

4 國際貨幣基金組織預測，大約在二〇二一年中國會進入高收入國家俱樂部，屆時中國的人均GDP為一萬三千零一十美元，參見World Economic Outlook (October 2018)，IMF Datasets。注：世界銀行二〇一八年最新公布的高收入國家門檻是人均GNI（國民總收入）超過一萬兩千零五十五美元。

5 IEA (International Energy Agency). World Energy Outlook 2018[R/OL]. https://www.iea.org/weo二〇一八/fuels/.

6 邁克斯・泰格馬克（Max Tegmark）著，汪婕舒譯，《生命3.0：人工智慧時代，人類的進化與重生》（*Life 3.0: Being Human in the Age of Artificial Intelligence*）（杭州：浙江教育出版社，二〇一八）。

工作，什麼時候會替代我的工作？

在這些預言中，我們看不到真正的歷史過程。雖然我們知道最終百川東到海，但沒有親身體會，就不可能知道沿途的風光。

長河模式更適合從後往前看，對歷史進行複盤，描述在一個更長的時段（比如三千年）內的歷史演變，但用長河模式來描述三十年的變化是索然無味的。三十年內會發生很多變化，但也有很多東西在三十年的時間段內不會變化。我要尋找的敘事模式不能和塔奇曼等經典歷史作家的風格一樣，我必須找到一種新的敘事模式，平衡在三十年的時間尺度裡發生的變與不變。

去哪裡找這樣一種新的敘事模式呢？

公治長書院門口的兩棵銀杏樹給了我一個靈感。我需要的敘事模式是大樹模式。當我們試圖理解中國未來三十年的變化時，實際上是在觀察一棵樹。

一棵樹？一棵樹有什麼可觀察的？

你當然知道樹是有生命力的，你知道一棵樹會從幼苗長成大樹，你也知道年復一年，春天吐芽，秋天落葉，但幾乎無法觀察到樹木緩慢、漸進的生長，因此也就難以感受其生命本質，除非你真的去仔細觀察了。當你看到迅速膨大的苞芽、靜靜舒展的嫩葉、一翕一張的絨毛、慢慢滲出的樹汁時，你才會突然驚嘆：原來它們是活的。歌德（Johann Wolfgang von

Goethe, 1749-1832）說：「思考比了解更有意思，但比不上觀察。」

園藝作家南茜・羅斯・胡格（Nancy Ross Hugo）寫過一本書，叫《怎樣觀察一棵樹：探尋常見樹木的非凡秘密》（*Seeing Trees: Discover the Extraordinary Secrets of Everyday Trees*）。[7]胡格寫道，想要欣賞一棵樹的生命力，需要多年內定期去觀察它的變化。就拿銀杏樹來說吧，幼年的銀杏樹像青春期的男孩，胳膊和腿都亂長，新長出的枝枒大大咧咧地戳向空中，看起來更像個衣帽架。銀杏樹的生長速度很慢，沒有二、三十年的時間，你分辨不出哪一棵是雄樹，哪一棵是雌樹。只有像公冶長書院門口這樣的老樹才會長出圓潤的樹冠。

你不能只用我們習慣的廣角去觀察一棵樹，你要學會用各種視角觀察，比如，必要的時候，你要在顯微鏡下觀察。一八九四年九月，日本福井中學的圖畫老師平瀨作五郎在東京大學小石川植物園內的一棵銀杏樹上採集花粉時發現，銀杏樹居然有精子，精子上還有鞭毛，能一晃一晃地遊動。你要從高往低看，還要從低往高看，你要觀察落葉如何腐爛、種子如何落地，還要觀察遲來的霜凍、比往年更久的乾旱；你要觀察蟲害，觀察樹枝上的鳥巢，以及孤零零地掛在枝上的過冬葉；你要觀察整片樹林、整個生態系統，因為沒有一棵樹是孤立

7 南茜・羅斯・胡格（Nancy Ross Hugo）著，阿黛譯，《怎樣觀察一棵樹：探尋常見樹木的非凡秘密》（*Seeing Trees: Discover the Extraordinary Secrets of Everyday Trees*）（北京：商務印書館，二〇一六）。

的。

當你觀察開始發脹的果實、悄然飄落的樹葉或葉尖露出的點點焦黃時，你關心的並不是那一片葉子、一顆果實，而是這棵樹的母體。當我們像觀察嫩芽一樣去觀察「新變量」的時候，我們想要了解的是中國這棵大樹的母體是否依然健康。

長河模式是單向度的，它通過描述歷史這條河流的曲折行程，告訴我們歷史的最終歸宿。大樹模式是多維度的，它通過觀察嫩芽和新枝，並不斷把目光拉回母體，幫助我們去體察母體的生命力。

錢穆在《國史大綱》的開篇就說：「所謂對其本國以往歷史略有所知者，尤必附隨一種對其本國以往歷史之溫情與敬意。」[8]親愛的讀者，這是我和你之間的契約。我的書是寫給對中國的母體有著深切關懷的讀者的。我期待，當我告訴你春天裡長出來的第一枚嫩芽的時候，你會和我一樣高興。

歷史感

當我們選擇了大樹模式而不是長河模式時，你就會發現，我關心的並不是如何複述歷史，而是尋找一種歷史感。雖然我是在現場記錄的，但我寫下的不是當下的新聞，也不是未來的史料，我研究的是變量背後的邏輯。我寫書不是為了「藏之名山，傳之其人」。我的寫作只有一個目的，那就是喚醒你的歷史感，讓你能夠更好地理解自己的命運以及自己所處的時代。

這個歷史感到底是什麼呢？首先要澄清一點：歷史感不是歷史。我不願意陷入關於歷史的無休止的爭論之中。美國著名歷史學家威爾・杜蘭特（台灣譯作威爾・杜蘭〔Will Durant, 1885-1981〕）及其夫人阿里爾・杜蘭特（台灣譯作阿里爾・杜蘭〔Arial Durant, 1898-1981〕）花了五十年時間寫下一千五百萬字，完成了一部氣勢恢宏的《世界文明史》（*The Story of Civilization*）。研究了這麼多年的歷史，他們卻告訴我們：「絕大部分歷史是猜測，其餘的部分則是偏見。」想要歸納歷史的規律，想要探究歷史哲學，都是水中撈月、霧裡看花。「歷史嘲笑一切試圖將其納入理論範式和邏輯規範的做法。歷史是對我們概括化的大反動，它打破了全部的規則：歷史是個怪胎。」[9]

一個學者的視野越開闊，他的觀點就越謙卑。我會記住杜蘭特夫婦的提醒：我不會費盡

8 錢穆，《國史大綱》（北京：商務印書館，一九九六）。

9 威爾・杜蘭特（Will Durant）、阿里爾・杜蘭特（Arial Durant）著，倪玉平、張閌譯，《歷史的教訓》（*The Lessons of History*）（成都：四川人民，二〇一五）。

心機還原歷史或臆想歷史的規律，我也不會絞盡腦汁預測未來。和所有的複雜體系一樣，歷史在本質上是無法預測的。

但當下的我們比任何時候都更需要歷史感，因為我們正處在一個身如轉蓬、無依無靠的轉型時代。

沒有比比特幣行情更大起大落的市場了。二〇一四年年底，比特幣暴跌，無人問津。一度成為全球最大比特幣交易平台的OKCoin的創始人徐明星曾說：「那時巴不得誰能來罵你一下就好了。」二〇一七年年初，比特幣突然暴漲，市場進入癲狂狀態，但意想不到的風險也隨之而來。二〇一八年九月十一日，徐明星被維權者堵在上海市公安局浦東分局濰坊新村派出所裡，中午餓了，但身上沒錢，於是，守在門外的維權者湊了十元錢，買了包子給徐明星當午餐。徐明星的午餐有了，比特幣的下一頓盛宴在哪裡？

沒有比房地產擴張規模更大的行業了。宏立城在中國並不算最大的房地產公司，但它在貴州造出了中國最大的棚戶區改造項目。這個叫花果園的項目位於貴陽市中心，被稱為「中國第一神盤」。中國市場似乎已經滿足不了巨集立城擴張規模的野心了。二〇一七年，宏立城雄心勃勃地要進軍海外，與印尼最大的金融控股財團之一力寶集團合作開發美加達新城，該專案規模是花果園的四倍，但不到一年就鎩羽而歸。二〇一七年年底，宏立城與碧桂園展開合作。碧桂園也是一家房地產企業，其規模遠大於巨集立城，擴張規模的速度遠快於巨集立城，遇到的麻煩也比宏立城更大。二〇一八年，碧桂園陷入了和宏立城遇到的幾乎一模一樣的海外陷阱。碧桂園要在馬來西亞的依斯干達特區（一個距離新加坡直線距離僅兩公里的地方）建一座占地面積二十平方公里的「森林城市」。一位新加坡朋友專門帶我去那裡看房。除了保安和保潔人員外，你在那裡很少能見到馬來西亞人，買房的基本上都是以中國人為主的外國人。二〇一八年，九十二歲的馬哈迪在馬來西亞大選中出人意外地當選新一屆總理，他一上台就宣稱森林城市專案不得向外國人銷售，馬來西亞政府也不會就森林城市的居住權向外國人發放簽證。森林城市的未來是城還是坑？

沒有比演藝圈前後反差更大的圈子了。二〇一八年四月二十六日，紅極一時的影星范冰冰的弟弟范丞丞更新了一條微博：讓你們破費了。剛剛年滿十八歲的他貼出了兩張照片，你要支付六十元才能看到第二張照片的高清原圖。神奇的事情發生了：一夜之間，八萬人下單，范丞丞睡了一覺就賺了四百八十萬元。其所在公司樂華娛樂隨後聲明，這些錢並不是全給范丞丞一個人的。誰也沒有想到，一個月之後，由於陳年恩怨，前中央電視台主持人崔永元怒批范冰冰，揭露藝人們慣於用「陰陽合同」逃避徵稅。十月三日，江蘇省稅務局對范冰冰及其擔任法人代表的企業追繳近八・八四億元罰款，范冰冰公開道歉。不到半年，演藝圈似乎從盛夏進入寒冬，一片肅殺，滿目愁雲。偶像紛紛落馬，圍觀的人們還會繼續「娛樂至死」嗎？

沒有比消費降級更讓人心慌的話題了。二〇一八年，當我們嘗試和社會底層民眾聊起消費降級的時候，他們對這個話題沒有什麼特別的感受。留在小山村的農民沒有覺得什麼在降級，但他們知道遠在沿海城市的兒女說起過，現在業務不如以前好做了。與我們主動聊起這個話題的人都是中產階層人士。這個話題甚至可以成為檢測誰是中產階層人士的「試紙」。仔細打聽後你會知道，他們的工作沒有丟，工資也沒有下降，他們已經買了房，房價沒有大跌，如果是在二〇一七年利率上漲前買的房，月供也沒有增加。是的，股價是跌了不少，但他們以前也沒有從股市裡賺過錢。他們本不應有什麼焦慮，可是，他們比誰都要焦慮。漫天飛的都是似是而非的消息，他們有的取消了到國外度假的計畫，有的戒掉了買名牌的習慣。是我們的所求太多，還是我們的所得太少？

沒有人比年輕人更關心未來命運的了。二〇一八年，一個叫崔慶濤的十七歲雲南農村男孩，一個叫李娜的十一歲四川農村女孩，他們都畢業了。七月二十二日，崔慶濤收到了北京大學的錄取通知書，當時他正在雲南省曲靖市會澤縣者海鎮箐口塘建築工地上幫打工的爸爸拌砂漿。距此一個多月前，李娜小學畢業了。六月二十三日，爺爺到學校接李娜回家。爺爺跟老師一個勁兒地說謝謝，李娜一直低著頭，沒有回頭，背著被褥，離開了學校。李娜的故事我會在第五章講給你聽。李娜會走一條和崔慶濤一樣的道路嗎？崔慶濤又會有什麼樣的人生際遇呢？

每個人的一生都會有高低起落，普通人會忽視自己的日常生活和歷史進程的聯繫。社會的變化太快，人們感到力不從心。驟然面對急速變化的時代，人們自然會感到無助。

所以你才需要歷史感。歷史感能讓你意識到自己的命運和他人的命運息息相關，也和歷史的進程息息相關。只有擁有了歷史感這雙特殊的慧眼，你才能夠感受到自己生活在歷史之中，感覺到自己在冥冥之中和過去的歷史聯繫在一起，你對活在當下的感受才會更加真切。

歷史感是一種通過知識的積累、長期的思考、細緻的觀察、突然的頓悟形成的直覺。這就像有樂感的人聽到音樂就對後面的樂符有所期待，圍棋高手掃一眼棋盤就對勝負格局了然於胸，有經驗的消防隊隊員憑直覺能預感到腳下的地板何時會塌陷，戰場上的老兵能從風中「嗅出」危險的信號。觀鳥愛好者有一個專業詞彙，叫「氣場」（jizz）。也就是說，你要在鳥兒飛過的那一瞬間，通過鳥的形體、姿態、飛行速度、顏色、位置和氣候條件，一眼判斷出其種類。

觀察歷史也是一樣，你必須學會找到一種大於部分之和的總體印象。古時候，人們很少走出自己的部落或村莊，那是不得已的事情；現在，人們很少走出自己的圈子，這是主動選擇的結果。網際網路把我們又變回了「洞穴人」。你認為在「朋友圈」裡刷屏的文章，可能在另一個圈子裡根本就沒有人看。你不了解的圈子，可能其人數和影響力遠遠超乎你的想像。即使在同一個圈子裡，人們也很少發生緊密的交流和互動。我們就像參加同一場演唱會的觀眾，無非是開場的時候來，散場的時候去。在圈子時代，人們變得更加孤獨和漠然。雖然你每年都經歷了很多事情，也聽到了很多消息，但是，在你的部落之外，在你的目力到不了的地方，正在發生著一些更有意思、更有價值的事情，那些事情通過千絲萬縷的聯繫，會直接或間接地影響你的生活。

這就是我和我的團隊想要做的事情：我們會盡可能地跨越不同圈子的界線，去理解社會的全貌、歷史的端倪。我們會帶回你在新聞報導、「朋友圈」裡看不到的新鮮事。

我每一年都會回來與你交流。歡迎你用自己這一年的體驗和經歷與我在旅途中遇見的故事互相參詳印證。我會帶你走出你自己的部落，從共情視角去理解他人，培養對時代形勢的敏感度，逐漸建構一種深邃的歷史感。

你只有在樹林中才能見到碧綠的樹葉，這片樹葉一定連著樹枝，樹枝一定連著樹幹，樹幹一定連著根系。你不可能在天空中見到一片無依無靠且還能自由生長的樹葉。最了解樹木的人看到的並不是一枝一葉，而是一個有機的整體，整片森林都會成為他的朋友，他會比一般的人更懂得在複雜多變的環境中每一株植物為了生存而適應和創新的智慧。

美國作家梭羅（Henry David Thorea, 1817-1862）說：「人們只能看到自己關心的事物。」的確，對我們來說，沒有觀察到的事物就等於不存在，但同樣地，那些能夠被觀察到的事物才是屬於我們的。

衝擊與反轉

生活在二〇一八年的人很容易感受到中國經濟遇到的各種衝擊。人們明顯感受到經濟增速放緩帶來的影響。從出口企業的老闆到計程車司機，每個人都告訴我，生意不如以前好做了。財富縮水的速度比經濟下滑的速度更快。股市重挫、P2P（點對點借貸）爆雷，無數家庭的財富灰飛煙滅。訂單減少、勞動力成本上漲、環保督查越來越嚴、稅負居高不下，大批中小企業苦苦掙扎。二〇〇八年，三鹿奶粉事件引起全社會的關注，十年之後的二〇一八年，又發生了長春長生生物科技有限責任公司生產「毒疫苗」事件，再一次讓人們感到憤怒、無奈和恐慌。當然，二〇一八年對中國經濟衝擊最大的莫過於突如其來、猝不及防的中美貿易摩擦。

站在二〇一八年，你會怎麼判斷未來的趨勢？

這取決於你是看短期還是看長期。一般來說，短期我們能看得更清楚，長期我們會看得更模糊，但在二〇一八年這一時點，可能恰恰相反。

對二〇一九年的形勢預判，有樂觀的觀點，也有悲觀的觀點，但這兩種觀點很可能都是錯的。錯不在結論，而在它們判斷的依據。我們總是習慣從經濟的基本面判斷未來趨勢，而在這一兩年內，基本面並不是最主要的因素。無論是看投資還是消費，無論是看內需還是外需，中國的經濟基本面都不算很好，也不算差，但影響二〇一九年趨勢的主要不是基本面，而是信心。信心看預期，預期看政策。政策要看國內的政策，也要看來自國外尤其是美國的政策變化。

我們在二〇一九年很可能還會遇到更多的衝擊，這些衝擊會增加未來的不確定性。如果美國經濟在二〇一九年出現調整，甚至進入新的危機，中國經濟會受到多大的影響呢？如果中美之間的摩擦從經濟貿易領域溢出到安全領域，又會給市場帶來多大的恐慌呢？二〇一九年是很多國家的大選年，新的地緣政治風險會不斷冒頭，這些地緣政治風險會互相傳染，引發一場政治疾病嗎？

用過去的確定性去應對未來的不確定性，你只會變得越來越悲觀。我們之所以悲觀，正是因為我們已經習慣的那些模式似乎都不管用了，不管是增長模式、商業模式、就業模式、教育模式，還是管理社會、管理全球經濟的模式。

如果拉長歷史的視野，你會發現，你所熟悉的那個過去的時代是極其特殊的。那是個草莽英雄出沒的年代，在這群草莽英雄看來，沒有規則和秩序，沒有任何值得敬畏的東西，也沒有任何先例可循，凡事都要親力親為，一切都是靠「試錯」找到邊界的，而邊界又在不斷變化之中。

但那個時代已經一去不復返了。高速經濟增長已經結束，全球化的鼎盛時代已經落幕。

收入不平等問題、代際衝突問題都會變得更加嚴重，這些問題在未來社會裡就像房間裡的大象一樣顯而易見，但草莽英雄們對此熟視無睹。這就是舊的事物會被清除，新的事物會落伍的原因，你需要去尋找的是能夠帶來「反轉」的「新新事物」。

好的影視編導都精於設計「反轉」：當你看到英雄就要成功的時候，命運突然無情地奪去他的一切，把他置於絕望的境地；當你看到英雄就要被毀滅的時候，他會喚醒自己的潛能，絕地反擊，一把扼住命運的喉管。

歷史遠比影視作品更精采。野火燒後，新木叢生。二〇一八年，我在灰暗的背景下發現了很多亮點。這些亮點提醒我們，歷史正在向一些隱約的方向突進。未來的歷史學家會把二〇一八年視為一個新的起點。

快變量和慢變量

在十九世紀的英國，有一位致力於為英國立傳的歷史作家，他就是著名的輝格黨人湯瑪斯・巴賓頓・麥考萊（Thomas Babington Macaulay, 1st Baron Macaulay, 1800-1859）。他的《英國史》（*On British History*）濃墨重彩地描述了一六八五年詹姆士二世即位到一七〇二年威廉三世逝世這十七年的歷史。[10]這十七年是千年英國的命運樞紐，是諾曼第登陸以來傳統命脈的繼承，也是大英帝國未來榮光的發軔。麥考萊的著史風格自成一派。他說，最佳畫作和最佳的歷史著作用的方法都是「展示真相的裙角，卻能窺見真相的全貌」。

我的書繼承的是麥考萊的著史傳統。我為你「窺見真相的全貌」的方法是在慢變量中尋找小趨勢。

接下來，我來解釋一下慢變量和小趨勢。先說慢變量吧。

歷史是由快變量決定的，也是由慢變量決定的，但歸根結柢是由慢變量決定的。

我們每天接觸到的信息大多是快變量。不幸的是，信息增長的速度明顯超過了真理增加的速度，於是，在信息的增量中，噪聲所占的比例越來越大。在我們這個時代，稀缺的不是信息，而是對信息的篩選。對快變量的迷戀，讓我們迷失在光怪陸離的世界裡，只看到眼前，看不到全域。慢變量看起來沒有變化，看起來離我們很遠，看起來與我們沒有直接的關係。我們容易忽視慢變量，但慢變量才是牽引歷史進程的火車頭。

我來舉例說明什麼是快變量，什麼是慢變量。天氣預報能告訴你颱風即將登陸，海上會有大浪，但是，只看天氣預報，你永遠無法理解為什麼海上會有波浪。導致海上有波浪的真正原因是有月亮和太陽。月亮和太陽的引潮力引發潮汐現象。每逢農曆初一和十五，也就是朔日和望日，月亮和太陽的引潮力方向相同，會產生大潮，也稱朔望潮；每逢農曆初八和廿二，也就是上弦和下弦，月亮和太陽的引潮力互相削弱，會產生小潮，也稱方照潮。天氣是快變量，月亮和太陽是慢變量。

美國西北大學經濟學家羅伯特・戈登（Robert J. Gordon）教授是一位觀察慢變量的寂寞高手。他在二〇一六年出版了一本厚達七百多頁的著作《美國增長的起落》（*The Rise and Fall of American Growth*）。[11] 在達沃斯的世界經濟論壇上，在微軟的全球CEO（首席執行官）峰會上，你都能聽到人們在談論這本書。《紐約時報》專欄作家湯馬斯・佛里曼（Thomas Friedman）談到過這本書，比爾・蓋茲（Bill Gates）也談到過這本書。你能注意到他們在談論這本書的時候臉上那種古怪的表情，他們說：「戈登教授的書寫得非常好，但是……」

為什麼湯馬斯・佛里曼和比爾・蓋茲會有這樣的反應呢？因為戈登教授的觀點讓他們坐立不安。我們聽過很多技術樂觀主義者的預言：科技會讓人類的明天更美好，未來的經濟增長會比現在更強勁。這些「先知」像擠在狂歡節人群前排的觀眾，興奮地告訴我們下一輛遊

---

10 Thomas Babington Macaulay, *The History of England*. London: Penguin Books, 1979.

11 羅伯特・戈登（Robert J. Gordon）著，張林山、劉現偉、孫鳳儀等譯，《美國增長的起落》（*The Rise and Fall of American Growth*）（北京：中信，二〇一八）。

行花車上都有什麼稀罕玩意兒，只有戈登教授站在沿街的摩天大樓頂層落地大窗戶的後面，注視著下面渺小而喧鬧的群眾。

戈登教授向我們提供了一種觀察人類進步的「上帝視角」。我們看到的技術進步是快變量，他看到的技術進步卻是慢變量。戈登教授說，美國在一八七〇至一九七〇年間出現了一次前無古人，後無來者的經濟「大躍進」。美國這次的經濟「大躍進」是由影響了我們衣食住行的一系列創新帶來的：從電到電冰箱、洗衣機、電視機、空調和電梯，從汽車、輪船、飛機到城市化，從電話、電報到新聞、零售。那麼，二十世紀九〇年代由電腦引發的「新經濟」呢？戈登教授說，對不起，這只是一次小規模的「迴光返照」。從歷史的大尺度來看，電比電腦更重要。

戈登教授讓我們注意到很多司空見慣的事物原來如此具有革命性。假如有一棟中世紀歐洲貴族的城堡和一套二十一世紀的公寓讓你選，你選哪一個？當然是選二十一世紀的公寓。雖然中世紀的城堡巍峨壯觀，但它沒有和其他房屋互聯互通，沒有給水、排水，沒有電燈、電話，沒有Wi-Fi（無線網路）。假如有一個十九世紀的農莊和一個二十世紀的超市讓你選，你選哪一個？你應該選二十世紀的超市。雖然十九世紀的農莊不用化肥和農藥，產出的都是有機食品，但沒有食品工業的發展，食物無法保質保鮮，你很可能會吃壞肚子，甚至可能會餓死。那麼，我再問你，抽水馬桶和智慧手機，如果只能選一個，你選哪一個？我選抽水馬桶。

慢變量是一種一旦打開就無法合上的趨勢。戈登教授指出，在一八七〇至一九七〇年這一百年裡，後五十年（也就是一九二〇至一九七〇年）的經濟進步比前五十年的更大。等一下。前五十年的美國經濟躍進我們可以理解，畢竟，從電燈到電話，從汽車到火車，這些發明都發生在十九世紀末和二十世紀初。一九二〇至一九七〇年？請你回想一下美國在這段時間發生了什麼：一九二九年爆發了股災；三〇年代是大蕭條；三〇年代末美國被拖進了第二次世界大戰；五〇年代和六〇年代美國是管制經濟，並不是真正的自由市場經濟。遇到了這麼多的阻礙，美國居然在一九二〇至一九七〇年的經濟增長速度最快？

這就是慢變量的威力。有了電，就有了家用電器，有了家用電器，婦女的家務勞動時間就會大幅減少，婦女大規模進入勞動力市場，這是人類歷史上第一次出現的現象；有了電，就有了電梯，有了電梯，才能蓋摩天大樓，人們才能更加密集地居住在城市裡，城市化會帶來公共衛生設施的改善，公共衛生設施的改善又大幅延長了人口的預期壽命。雖然三〇年代美國經濟一直低迷，但汽車行業的技術進步並沒有停止，因為最早的汽車太簡陋了，沒有儀表盤，沒有擋風玻璃，沒有雨刷，這都要一點一點改進。

戈登教授對美國經濟的洞察為我們理解中國經濟提供了啟發。如果你觀察過去三十年中國的經濟發展，只要去看三個最重要的推動力就行：工業化、城市化和技術創新。中國過去只有第一產業，也就是農業。工業化帶動了第二產業，城市化帶動了第三產業，而技術創新改變了所有產業的面貌。我們似乎對這三個推動力已經非常熟悉，但很容易低估它們的潛力和複雜性。

一九五〇年，毛主席站在天安門城樓上，用手指著天安門廣場以南一帶興奮地對身旁的北京市市長彭真說：「將來從天安門上望過去，四面全是煙囪！」[12]當時，中國是一個農業國。一個農業國的夢想就是變成工業化國家。在計畫體制時期，中國幾乎完全憑藉自己的努力建立了門類相對齊全的工業體系。一九六四年，在國民經濟非常困難的時候，中國自行研製的第一顆原子彈爆炸成功。桂系軍閥白崇禧的兒子、著名作家白先勇在接受採訪的時候談到，在原子彈爆炸的消息公布之後，他和很多人一樣，忘記了國共之別，只覺得這是一件值得中國人驕傲的事情。[13]計畫體制並沒有讓中國真正實現工業化。一九七一年毛主席到南方調研，走到長沙的時候，身邊一位工作人員上街排隊，好不容易買到一條的確良褲子。毛主席對此感到很驚訝，中國居然沒有生產的確良褲子的技術。[14]一九七八年之後，中國實行了經濟體制改革，鄉鎮企業異軍突起，用鄧小平的話說，是「我們完全沒有預料到的」。[15]鄉鎮企業生產了大量廉價的日用品，滿足了人民群眾的生活需要，但中國還是沒有真正實現工業化。中國的工業化是在二十世紀九〇年代對外開放之後才實現的。中國是在九〇年代之後才變成「世界工廠」的。我們在後文中還會更詳細地講到這一點。二十多年過去了，全球化面臨退潮，而製造業遲早會實現自動化生產，面臨新的挑戰，中國的工業化該何去何從？

中國曾經是城市化程度最高的國家。[16]估計早在戰國時期，城市化率就達到了驚人的百分之十五。唐朝的城市化率約為百分之二十•八，南宋的城市化率達到了百分之二十二。唐天寶年間（七四二—七五六），長安有六十多萬人口，是當時世界上最大的城市。北宋汴京人口達到一百四十萬。南宋臨安的人口更是達到兩百五十萬，這個規模比一千年前的羅馬城大了一倍左右。這是人類歷史上第一次出現人口超過兩百萬的大都市。宋朝之後，城市化程度反而下降。一九四九年，中國的城市化率只有百分之十•六，到一九七八年，城市化率也只有不到百分之十八，僅僅略高於戰國時期的水平。直到一九八三至一九八四年，城市化率才達到南宋的水平。隨後，中國的城市化水平急劇提高。首先是人口的城市化，大批勞動力從農村進入城市，尤其是沿海地區的城市。其次是土地的城市化，房地產業成為支柱產業，

12 袁全、王飛，〈首都煙囪存廢史〉，《新華每日電訊》，二〇一七年九月一日。
13 白先勇，《樹猶如此》（桂林：廣西師範大學出版社，二〇一一）。
14 陳錦華，《國事憶述》（北京：中共黨史，二〇〇五）。
15 樊憲雷，〈改革開放以來鄧小平對發展我國農村經濟的探索創新及啟示[EB/OL]〉，二〇一四年五月四日，http://dangshi.people.com.cn/n/2014/0504/c384616-24971745-2.html。
16 徐遠，《人•地•城》（北京：北京大學出版社，二〇一六）。

賣地的收入成為地方財政的主要來源之一。但是，這種快速的城市化很快就遇到了各種瓶頸。國務院前總理朱鎔基在考察的時候曾感慨：「走了一村又一村，村村像城市；走了一城又一城，城城像農村。」[17]未來的城市會是什麼樣子，未來的農村又會是什麼樣子？

曾鳴教授曾是阿里巴巴的總參謀長，幫助馬雲制定和完善了阿里巴巴的企業戰略。當他還在長江商學院任教的時候，曾經寫過一本書，叫《龍行天下》。[18]在這本書裡，他把中國的創新稱為「窮人的創新」。一言以蔽之，當時中國的消費者收入水平太低，對價格最為敏感，為了適應這種市場，中國的企業必須想方設法壓低成本。這種激烈的競爭培養出一批極其剽悍的企業，但這種壓低成本的創新似乎已經難以為繼。消費者的收入水平不斷提高，過了某個門檻之後，消費者關注的就不僅僅是價格了。急劇擴張的中產階層催生出中國的「市場紅利」，中國國內消費市場的規模已經超過美國，這會給企業帶來什麼樣的機會？中國企業在核心技術方面仍很落後，可是，中國企業在商業模式創新方面又非常大膽、超前。中國企業的執行力遠遠超過其他國家的企業，這是在殘酷的市場環境下必須鍛鍊出來的生存能力。如今，中國距離技術的前沿越來越近，但衝刺的難度也越來越大，而且，不要以為只有這一場比賽，這更像鐵人三項比賽：一・五公里游泳之後還有四十公里自行車賽，之後還有十公里長跑，一項比賽的終點就是下一場比賽的起點，中國還能堅持下去嗎？能得第一嗎？

總之，叫得出工業化、城市化和技術創新這三個變量的名字，與了解這三個變量是兩件完全不同的事情。想要判斷中國未來的趨勢，必須深入觀察工業化、城市化和技術創新這三個慢變量。這聽起來沒那麼刺激，甚至會很枯燥。當人們都在討論哪裡是風口、什麼是潮流的時候，我會帶你去看洋流。風口不重要，潮流不重要，洋流才重要。洋流發生在大洋深處，表層的洋流有兩三百米深，這股洋流又帶動更複雜、更湍急的海水流動。洋流沒有潮水喧囂壯觀，不如颱風驚心動魄，但只有洋流才能帶你到很遠的地方。

大趨勢和小趨勢

找到了慢變量，我們就能找到定力，但找到了小趨勢，我們才能看到信心。

按照美國未來學家馬克・J.・佩恩（Mark J. Penn）的定義，小趨勢就是占人口百分之一的群體出現的變化。比如，他觀察到住在一個城市但去遙遠的另一個城市上班的人、信奉新教的墨西哥裔美國人、在家裡上學的孩子、受過良好教育的恐怖分子等。佩恩的這一觀察

17〈何為城？何為鄉？[EB/OL]〉，二〇一六年十一月七日，http://finance.china.com.cn/roll/ 20161107/397 3476.shtml。

18 曾鳴、彼得・J.・威廉姆斯（Peter J. Williamson）著，《龍行天下：中國製造未來十年新格局》（北京：機械工業，二〇〇八）。

視角啟發了我們：有些人群人口數量相對較小，卻能產生與其人數似乎不相稱的影響力。我們的研究方法和佩恩有所不同。我們並不嚴格按照總人口百分之一的標準來定義小趨勢。[19]這是因為中國的人口規模太大了。中國人口十四億，那百分之一就是一千四百萬人口。哪怕是百分之〇．一，在中國也有一百四十萬人，也不是個小數字了。

我們關注小趨勢，有兩個主要的原因：第一，隨著社會的發展，社會分化日益顯著，大趨勢不足以準確描述社會的多向度發展；第二，從社會演進的角度來看，很少出現涇渭分明的新舊交替，新的觀念、新的現象往往是由原有的一些小趨勢發源的，這些小趨勢原本並不占據主流地位，但隨著社會的變化，卻能引起社會風尚的深刻變革。

讓我們先觀察一下小趨勢的特點。雖然占中國總人口百分之〇．一就有一百四十萬人，占百分之一會有一千四百萬人，看起來人數眾多，但你要知道，在其餘百分之九十九．九、百分之九十九的人看來，這只是一個很小、很另類的群體。在小趨勢裡面的人覺得這是一片海，在小趨勢外面的人則覺得這只是一滴水。不過，這些群體雖然人數相對較少，但更為團結，觀念更一致，更喜歡嘗試一些與眾不同的東西，而且他們同氣連聲，彼此鼓勵和支持，形成了一個線上和線下的立體網路，這樣就能成倍地放大其力量。

所以，小趨勢的特點是：必須足夠小，才能顯示出鋒芒，但又必須足夠大，才能彰顯出力量。

那麼，為什麼會出現小趨勢呢？在小趨勢裡面的人會覺得，這都是因為他們自己的力量，其實並非如此。之所以會出現小趨勢，是因為首先有了大趨勢。

我們拿蓋房來說吧。蓋房的時候一層一層起高樓，每一層的蓋法都是一樣的，蓋出來的毛坯房也是一樣的，但是，等到蓋完房，要裝修的時候，每一家的裝修風格就不一樣了。有的人喜歡金碧輝煌的洛可可風格，有的人喜歡二〇一八年熱播的電視劇《延禧攻略》中莫蘭迪色系的性冷淡風格。所以，蓋房子是大趨勢，而裝修就是小趨勢。

我們再來看網際網路技術。最初，你想做個網站得找專業人士給你做，但隨著技術的發展，有了微博，有了微信公眾號，你不需要懂任何程式設計，直接就能發微博和微信，做自己的自媒體。網際網路平台是大趨勢，而自媒體就是小趨勢。

這給了我們一個重要的啟示。發展初期看大趨勢，發展後期看小趨勢。在發展的初期，更重要的是大趨勢。我們所有人都被大趨勢裹挾著前進，那個時候，想要理解自己所處的時代並不難，就像行軍的時候，你只需要跟著前面的夥伴，甚至拉著馬尾巴朝前走就行。在社

19「小趨勢」的概念借鑑了馬克・佩恩的提法，但我們的方法論和他的並不一樣。參見馬克・佩恩、E.・金尼・扎萊納（E. Kinney Zalesne）著，賀和風、劉庸安、周豔輝譯，《小趨勢：決定未來大變革的潛藏力量》（*Microtrends: The Small Forces Behind Tomorrow's Big Changes*）（北京：中央編譯，二〇〇八）。

會和經濟發展到一定的階段之後，反而會出現分化。國家和國家變得更不一樣，城市和城市變得更不一樣，企業和企業變得更不一樣，個人和個人變得更不一樣。也就是說，人們首先得變得更相似、更平等、更富裕，然後才能變得更加差異化。

在未來時代，小眾才是主流。

我要帶你去的這場旅行從指南針開始，途經慢變量，最終到達小趨勢。我們先用指南針確定自己的方位和旅途的方向；然後，我們會從慢變量的主幹道開車上路，但會不時地從出口出去，在城市的街道、鄉村的小路上遊蕩。我們會停下來，下車走進人群，和遇見的各色人物聊天，傾聽他們的故事，了解他們的喜憂，同時用眼睛的餘光掃視來來往往的人流，直到發現故事的主人公。

在我們故事裡的主人公大多是小趨勢的代表。他們是這樣的一群人：當我們走進他們的房間時，他們正在專心致志、興致勃勃地做著手邊的工作，絲毫沒有注意到我們的到來；當我們提出採訪要求的時候，他們會不安而窘迫地搓著手：「為什麼要採訪我呢？我只是一個普通人啊。」他們上不了新聞的頭條，也不會出現在雜誌的封面；他們並不隱居在荒涼的海邊，而是生活在市井之中；他們是與你有著相同處境的人，而你能夠感受到他們身上的勇敢、冒險、積極參與和激情投入；他們只是幸運地住在時代的樞紐地帶的小人物；他們忘我地工作，結果創作出比自己更宏大的事物。

五個變量

接下來，我向你預告一下我們在二〇一八年的旅途中找到的五個新「變量」。

我們看到的第一個變量是大國博弈。未來的歷史學家將會發現，這是二〇一八年最重要的一個變量。這個變量意味著中國發展的外部環境將變得更加凶險。這也是我花費時間最長、精力最多，為你觀察到的變量。從二〇一六年美國總統競選之前，我就開始穿梭於中美兩國之間，不僅採訪了華盛頓和北京的官員、學者，而且與美國的猶他州、蒙大拿州的普通民眾拉過家常；我不僅大量閱讀了同行經濟學家的研究報告，而且參觀過出口企業的工廠。我所看到的大國博弈，和很多流行的觀點並不一樣。

很多人關注到貿易保護主義的興起，但對中美之間會出現貿易摩擦備感困惑，畢竟中美經濟結構是互補的，而不是競爭的。英國《金融時報》首席評論員馬丁·沃爾夫（Martin Wolf）曾說，能讓美國和中國和好的唯一可能就是火星人入侵地球。雖然只是戲言，但他道出了真相，人是一種群居動物，總是要分我們和他們的。事實上，是先有了他們，才有的我們，也就是說，先有了對手，才能保持自己人的團結。即使在和平年代，國家與國家之間也在時時刻刻處處較量。哈佛大學社會學家丹尼爾·貝爾（Daniel Bell, 1919-2011）曾說，經濟增長是和平時代的競賽。[20]這背後的原因是：哪個國家經濟增長更快，就能證明其制度更有優勢。如果補充一句，技術進步也是和平年代的競賽。也有人說，這是由於川普總統的行為不可預測，誰也不知道他的下一條推特到底會說什麼。理解一個人的行為，你只需要了解他的性格和經歷，而川普的性格和經歷都是非常易於識別的。仔細觀察中美貿易的結構，理解了國際貿易的本質之後，你就不會對貿易摩擦本身過於悲觀。

真正值得關注的是中美關係出現了轉捩點，美國已經把中國定義為戰略競爭對手。為什麼會出現這一轉捩點呢？一般的解釋是：當一個新興大國趕超一個霸權大國，而兩者的差距越來越小時，國際格局就會出現巨變。這種解釋並不全面。

內政決定外交。我所看到的大國博弈這個變量中出現的新變化是：在美國等西方國家出現了一群想要下車的人，他們不願意讓全球化和技術進步的速度太快，感到眩暈，要求把車停下來，想要下車。理解了這個群體的訴求，我們才能理解民粹主義的興起。這種力量不僅在改變著美國的政治風向，而且給歐洲帶來了極大的衝擊。英國脫歐、民粹主義在義大利等歐洲國家贏得競選，都提醒了我們：民粹主義的土壤比我們想像的更為深厚，民粹主義的影響比我們理解的更為深遠。政治總是本地的，但其影響可能會波及全球。一隻蝴蝶拍拍翅膀，就可能引發風暴，那如若是億萬隻蝴蝶一起拍動翅膀呢？

中國人難以理解這些想要下車的人，因為我們是一群剛擠上車的人。出生於二十世紀六〇至九〇年代的這一批人，其實都是有幸坐上經濟高速增長快車的人。因此，中國民眾對待全球化和技術進步的態度比西方民眾更為樂觀，而這種樂觀主義也使得新經濟在中國的發展如火如荼。

中國人就像早上要坐公車的乘客，他們最關心的是怎麼上車。擁擠的人群如同潮水，後面的人推搡著前面的人，在不知不覺中，每個人最後都發現，自己是被擠上車的。

在西方社會，當人們談論一代人的時候，他們往往會以二十至三十年為時間單位，但在中國，當人們談論一代人的時候，會以十年為單位。我們經常會講到六〇後、七〇後、八〇後、九〇後等。或許，這能夠反映出中國的社會變革速度太快了。西方社會相對成熟而穩定，中國社會更有激情和活力。我們用十年的時間就能跨越西方社會二十至三十年的時間。劇烈的社會變革也會影響到每十年一代人的性格。或許六〇後略顯世故，七〇後更為務實，八〇後最是疲憊，九〇後稍覺輕佻。但是，假如我們把歷史的視角拉得更長，你會發現，出生於二十世紀六〇至九〇年代的人，其實是同一個時代的人。我們可以把這個人群稱為「坐上快車的人」。

---

20 丹尼爾・貝爾（Daniel Bell）著，趙一凡、蒲隆、任曉晉譯，林劍秋校，《資本主義的文化矛盾》（*The Cultural Contradictions of Capitalism*）（北京：人民，二〇一二）。

「坐上快車的人」會相信一些共同的觀念。他們都相信：經濟增長會一直持續下去；中國的經濟增長率是全球最高的；經濟增長能夠提高每個人的生活水平；下一代人的日子一定會比上一代人過得更好；個人靠努力奮鬥一定能改變命運；要重視子女的教育，因為「知識改變命運」，而「知識改變命運」指的是只要孩子上最好的小學、最好的中學、最好的大學，就一定能找到最好的工作；最好的工作是指在金融機構的工作或在政府部門的工作，前者收入更高，後者更有保障。

未來，等「坐上快車的人」回望一九七八至二〇一八年這四十年，他們會驀然驚覺：原來這樣高速增長的時代是無法永遠持續下去的。在此後的迢迢長路上，他們會逐漸發現：中國的經濟增長率會放緩，也有被其他新興經濟體超過的可能；經濟增長並不能解決所有的社會問題，相反，過去的快速增長模式會帶來新的社會問題，比如環境汙染、公共服務缺失和收入不平等加劇；下一代人未必過得比上一代人更好，與未來的人相比，如今剛剛退休的這一代人很可能過得是最幸福的晚年生活；越來越多的人會明白靠個人奮鬥改變命運這種信念是經濟高速增長時期才能有的奢侈。

哈佛大學經濟學家本傑明・M・弗里德曼（台灣譯作班雅明・弗里德（Benjamin M. Friedman））有個著名的論斷：經濟增長會影響國民性格。在經濟高速增長時期，人們會更樂觀、更自信、更積極上進、更包容開放。[21]過去三十年的中國就是這樣的典型案例。

於是，我們能夠看到「坐上快車的人」對待技術進步的態度也更樂觀。無論是中國的政府還是民眾，對技術創新的歡迎程度都遠超西方，他們會更加大膽地擁抱新技術，甚至多少有些魯莽。

中國一直秉承著實用主義精神，有冒險家精神的企業家相信拿來主義，相信只有技術不斷進步，才能提高國家的實力。

從民眾的角度來看，中國消費者對技術創新的接受程度顯然比西方消費者更高，更願意嘗試新生事物。對待無人機，美國的消費者想的是這會不會侵犯個人隱私，中國的消費者想的是這東西真好玩，不僅要買一個給自己，而且要買一個送給朋友。

羅蘭・貝格國際管理諮詢公司發布的全球汽車行業報告指出，中國消費者對電動汽車和自動駕駛汽車的需求居全球最高。如果出現全自動駕駛機器人計程車，且比自有汽車每次出行成本更低，百分之七十三的中國受訪者表示不會再購買汽車，而全球平均水平為百分之四十六。百分之六十的中國消費者表示在購買下一輛汽車的時候會考慮純電動汽車，遠高於百

---

21 本傑明・M.・弗里德曼（Benjamin M. Friedman）著，李天有譯，《經濟增長的道德意義》（*The Moral Consequences of Economic Growth*）（北京：中國人民大學出版社，二〇〇八）。

分之三十七的全球平均水平。[22]普華永道的一份關於人工智慧市場前景的報告調查了全球二十七個國家的兩萬兩千名消費者。中國有百分之五十二的消費者計畫購買人工智慧設備，而在全球範圍內，百分之五十八的人對人工智慧設備毫無興趣，這是因為歐美國家的消費者拖了後腿。中國也是人工智慧設備滲透率最高的國家，百分之二十一的消費者已經擁有這類設備。[23]

正是由於這種獨特的技術崇拜的氛圍，中國在很短的時間之內就變成了全球網際網路大國。這裡聚集著全球最多的網際網路用戶和全球排名最靠前的網際網路企業。數億人使用智慧手機購物、支付、投資，從這個角度來說，中國的消費者比美國的消費者更聰明、更時尚。

雖然目前中國的高科技研發還落後於美國，但中國的高科技應用將會快於美國。理解了這一點，你就能體會到美國的焦慮。

我已經幫你梳理了想要下車的人和剛擠上車的人出現的背景、他們對世界的不同認識，以及他們可能對未來的政治帶來的影響。雖然想要下車的人和剛擠上車的人想法有所不同，但他們其實都在同一輛車上。如果想要下車的人和剛擠上車的人真的在車廂裡發生毆鬥，這輛車可能會失控，掉下懸崖。

那我們又該怎麼辦呢？這個變量可能出現的反轉不是誰贏了貿易摩擦。貿易摩擦中是不可能有贏家的。正如我們在科幻電影裡看到的，當外星人入侵的時候，地球人才能團結一致，同理，只有當中國和美國遇到一個共同的挑戰，這個挑戰必須來自人類之外，而且這個挑戰大到以至中美兩國必須聯手應戰的時候，中國和美國才會有堅實的合作基礎。這個挑戰，在我看來，應該是人工智慧社會的到來。

為了理解未來，我們可以拿歷史上的工業革命做個類比。

假如工廠出現時你是個農民，紡織機出現時你是個裁縫，汽車出現時你是個馬車夫，機關槍出現時你是個騎兵，你該怎麼辦？你一定會像那些想要下車的人一樣感到眩暈。這個世界完全亂套了。農田不再是原來的農田，村莊不再是原來的村莊，域外的工業品如同潮水一般衝垮了國內的手工業。正如馬克思（Karl Marx, 1818-1883）和恩格斯（Friedrich Engels, 1820-1895）在《共產黨宣言》（*Manifest der Kommunistischen Partei*）中寫的那樣：「一切等級的和固定的東西都煙消雲散了，一切神聖的東西都被褻瀆了。」「一句話，它按照自己的

22〈中國消費者對電動汽車和自動駕駛的接受程度全球最高[EB/OL]〉，二〇一七年五月十二日，http://finance.takungpao.com/q/2017/0512/3449836.html。

23〈中國對ＡＩ設備熱情遠超全球，52％消費者計畫購買[EB/OL]〉，二〇一八年三月十三日，http://www.sohu.com/a/225439409_610300。

面貌為自己創造出一個世界。」[24]

你再想想，如果火車出現時你是個旅人，電報出現時你是個記者，紡織機出現時你是個棉農，電影出現時你是個觀眾，你又有什麼樣的感受？你一定會像那些剛擠上車的人一樣感到狂喜。這個世界太有意思了。新奇的事物層出不窮，遙遠的世界近在咫尺，有冒險精神的人可以征服整個世界。如同凱恩斯（台灣譯作凱因斯〔John Maynard Keynes, 1883-1946〕）在《和約的經濟後果》（*The Economic Consequences of the Peace*）中無限嘆惋地寫到第一次世界大戰之前的歐洲：任何一個有過人之處的人都能憑藉自身的能力躋身中產階層或上層社會，「此時他們可以享受到低廉的價格，生活方便而舒適，這種生活之愉悅遠超過其他時代那些富甲一方、權傾天下的君主。」[25]

這兩種體會都是真實的。工業革命先是帶來了巨大的經濟變革，隨之引發了激烈的社會震盪，但最終走出了這段「死亡谷」，進入一種新的均衡，並給整個社會帶來財富的湧流。不要忘記，在這段時期，曾經爆發過工人運動、經濟危機、兩次世界大戰，一次次洗牌，一次次淘汰。如果身處二十世紀三〇年代大蕭條時期，即使你能預知再過三十年世界經濟會進入穩步增長的黃金時代，這個消息可會讓你在破產的時候感覺更好受一些？

在人類歷史上，人工智慧革命和工業革命的衝擊力可能是一個量級的。人工智慧會帶來生產效率的極大飛躍，也會導致大批勞動者失去工作。根據麥肯錫的一份報告，未來可能有四億個工作崗位被人工智慧替代。人工智慧會帶來財富的湧流，但技術進步的利益會更多地流入少數人的錢包，大部分人並不會分享到更多的回報。讓勞動者轉型可不可以？從理論上來說可以，但問題是如何在很短的時間（比如一年）內讓工人實現轉型。你不可能要求一代人付出犧牲，為技術進步當墊腳石。

我們今後面臨的是「人工智慧之谷」。如果我們能夠跨越「人工智慧之谷」，就一定能夠登上另一個山巔，看到更壯觀的前景，但如果我們不能齊心協力，「人工智慧之谷」也有可能變成另一個「死亡谷」。

美國和中國在應對人工智慧挑戰的時候站到了同一起跑線上，因為我們同樣缺乏經驗。最近幾年，當我訪問歐美國家，與這些國家的菁英交流的時候，我有一種越來越強烈的感受，彷彿自己是一個波斯人，來到了晚期的羅馬帝國：是的，羅馬帝國即使衰落了，仍然是最偉大的帝國，羅馬帝國的菁英仍然是最有學問的，可惜他們懂的都是關於羅馬法的學問。作為一個異鄉人，我都能看到，在羅馬帝國的邊境線上已經出現了一群群集結的蠻族，這些

---

24 馬克思（Karl Marx）、恩格斯（Friedrich Engels）著，中共中央馬克思恩格斯列寧斯大林著作編譯局譯，《共產黨宣言》（*Manifest der Kommunistischen Partei*）（北京：人民，一九九七）。

25 約翰・梅納德・凱恩斯（John Maynard Keynes），《和約的經濟後果》（*The Economic Consequences of the Peace*）（北京：華夏，二〇一八）。

蠻族很快就要跨過多瑙河，進入羅馬境內，而羅馬的元老和公民們還在爭吵不休。想想都可惜可嘆：如果羅馬帝國被蠻族滅掉了，關於羅馬法的知識還有什麼用途呢？

美國的經濟體制過於追求短期利益，過分追求股東利益，人數最多的普通民眾難以參與這種資本主義體系。它的政治體制過於強調菁英觀點，過分信仰自由主義理念，人數最多的普通民眾也難以表達自己的聲音。這些內在的缺陷導致美國更難以應對人工智慧社會的挑戰，於是，被忽視和被排擠的力量會從所有能夠釋放的地方釋放，哪怕是從極端主義的孔隙。

中國雖然會最早實現人工智慧化，但這意味著中國會變成一個巨大的人工智慧社會的試驗場，我們每個人都要充當試驗品。就像日本最早遇到老齡化社會的困擾一樣，中國也會比別的國家更早地遭遇人工智慧社會的風險。

由於篇幅所限，關於這個變量的論述我不便展開。如果你感興趣，可以參閱我在得到的大師課「何帆報告」，我們會更深入地討論相關的話題。

我們看到的第二個變量是技術賦能。這個變量背後的邏輯是：每一種技術都有自己的性格，每一個市場也都有自己的性格，只有當技術的性格和市場的性格匹配起來，才是真正的佳偶天成。我們看到的小趨勢是：有些新技術在看起來離新技術最為遙遠的領域找到了廣闊的應用天地，並能通過為普通人賦能將這種潛能進一步放大。這意味著什麼？這意味著我們在判斷技術發展的前景時，不能只看技術的先進程度。

我會在第二章中為你介紹這個變量。我會向你講述一家在新疆做農業無人機的極客企業的故事。到了新疆，你才能感受到中國的國土是如此遼闊；熟悉了農業，你才能感受到這個最古老的行業其實是最新鮮的。當你看到無人機在新疆棉田的上空自由翱翔時，你會暗暗讚嘆：這才是它們應該來的地方。你應該去無人地帶尋找無人機，而不是在北京或上海的公園裡尋找無人機。我也會講述機器人在服務業中的應用，這和很多人的想像不一樣。人們原以為機器人會首先應用於中國的製造業，但服務業才是機器人應用的「新邊疆」。最具生命力的新技術總是出現在無人地帶，它們不是由院士評選出來的，而是在市場應用中成長起來的。

我們也回顧了在二〇一八年湧現出來的其他新技術，在觀察這些技術的未來趨勢時，我要強調以下兩個對技術的評判維度：一是技術和市場的匹配程度，二是這些技術是如何為人賦能的。在二〇一八年最受關注的一家企業當屬在美國上市的拼多多。拼多多的技術和市場匹配得很好，所以它才能講述一個好聽的商業故事，但它忽視了用技術為新興的力量賦能。一時的成功並不意味著能走得長遠、行得穩健。

我們看到的第三個變量是新舊融合。這個變量背後的邏輯是：傳統行業積累了大量的資源和經驗，這是任何一個新興行業都無法替代、不能忽視的。我們看到的小趨勢是：有的傳統企業已經學會了新興行業的打法，它們就像老兵穿上新軍裝一樣，會從一個別人想像不到的地方發起反擊。我們也看到很多新興行業正在拚命向傳統行業學習，大量的老兵也在湧入新軍。這意味著什麼？這意味著我們不能盲目地迷信網際網路的力量。網際網路行業不可能對所有的傳統產業發起「降維打擊」，相反，網際網路行業自己的發展已陷入低谷。你不能只鍛鍊自己的網際網路思維，你還必須對傳統保持足夠的謙卑和敬畏。

我會在第三章中為你介紹這個變量。我們發現，二〇一八年新興產業和傳統產業的對決進入膠著狀態。網際網路行業曾以摧枯拉朽之勢衝擊傳統行業，但在二〇一八年，網際網路行業自己涉入深水區。比如，網際網路企業發起的新造車運動並不成功。這是因為汽車是工業化的代表，是一個不僅需要創新而且需要尊重傳統的行業。我們也發現，隨著物聯網的發展，傳統的製造業可能會在意想不到的地方發起絕地反擊。我會帶你去看一家非常「老派」的製造業企業：海爾。海爾已經不是你想像中的海爾。海爾的「去海爾化」、不做企業做生態的打法，才是真正的網際網路時代打法。老兵不死，他們只是換了新的軍裝，學會了新的作戰方式。

我也會讓你了解到：新兵能從老兵那裡學到很多有用的經驗。我將帶你去看看電子競技比賽。電子競技比賽比傳統的體育競技更刺激、更具對抗性和觀賞性，但電子競技行業的很多做法都在模仿傳統的體育競技行業。無論是選手的訓練、俱樂部的運營還是賽事組織，電子競技產業都在向傳統的體育競技產業取經，學習傳統體育競技是如何在上百年時間中，用一場場充滿戲劇色彩的賽事、一個個具有史詩般色彩的人物塑造出精神圖騰，讓數億跨越文化、年齡和性別的人拜服腳下的。

我們看到的第四個變量是自下而上。這個變量背後的邏輯是：從長期來看，城市的發展應該是自發的，自下而上的力量能夠維護城市系統的多樣性，提高城市的抗風險能力，同時激發出普通民眾和基層社區的創新。我們觀察到的小趨勢是：「多核城市」是城市群未來的發展方向；很多城市已經開始「收縮」，而保持了開放性的城市才能更好地實現「精明收縮」；很多城市、很多社區正在爆發「顏值革命」，街道和社區正在變得更美、更有生活情趣。這意味著什麼？這意味著我們要學會用生態系統的眼光來看待城市的發展，要尊重基層創新，千萬不要低估人民群眾自己創造美好生活的能力。

我會在第四章中為你介紹這個變量。我們發現，自上而下的城市化進程已經不可持續，在這一背景下，過去被忽視的自下而上的力量浮出水面，增加了城市的活力，使得城市能夠更好地適應外部經濟衝擊、技術進步的挑戰。我會向你講述一個城市規畫師的故事，他不在辦公室裡，而是出現在菜市場中。他在菜市場看到了城市的能量。這種能量是普通人努力改善自己的生活時表現出來的智慧和適應力。

我也會帶你到東莞、義烏、上海等城市去看看。你所看到的東莞，將是未來中國都市圈發展的範本。你所看到的義烏，將是很多中國城市在面對「收縮」時的榜樣。在上海和其他城市的街頭巷尾，在看起來貌不驚人的城市社區內部，你會驚奇地發現點點簇簇、嬌豔欲滴的美。

我們看到的第五個變量是重建社群。這個變量背後的邏輯是：人是一種社會動物，只有重建了社群，我們才能更好地發現自我。人們只有在公共生活中學會如何彼此相處，一個社會才能更加平等、和諧。我們觀察到的小趨勢是：在某些地方，不管是在城市還是鄉村，由於條件的變化和核心人物的推動，出現了一種「從雲到雨」的趨勢，原本鬆散的社群開始自發組織、自發生長。雖然重建社群的力量現在還很弱小，但假以時日，這種力量將大大改善我們的社會道德、公共秩序。

我會在第五章中為你介紹這個變量。我會帶你到兩個看起來毫不相關的地方。我們先到北戴河海邊的一個小鎮，住在這裡的人找到了在大城市裡久違的鄰里生活。他們一起踢球，一起跑步，一起表演話劇，一起寫家族史。他們在從頭學習如何建立公共生活。我們再到遙遠的四川山區，這裡有一所被人遺忘的小學。這所小學很像一所國際小學被錯誤地放置在偏僻的山村。這裡的孩子幾乎沒有一個是從正常、健康的家庭出來的，但他們遠比城市裡的孩子陽光、自信。這裡沒有學生之間的攀比，沒有繁重的作業，沒有霸凌，沒有學生戴眼鏡，操場上每天都響徹著孩子們銀鈴般的笑聲。看起來凋敝蕭條的鄉村，也因這所小學的改變而煥發生機。

你會有困惑，會有吃驚，會有感動，最後，你會突然頓悟：這一切都來自那棵已經生生不息了三千年的中華文明的古老大樹。

歷史感

我們比任何時候都更需要歷史感。
歷史感讓我們感受到自己的命運和他人的命運息息相關，
和歷史的進程息息相關。歷史感能幫助我們更好地活在當下。

長河模式和大樹模式

描述三十年的敘事模式不應該是「長河模式」，即傳統歷史作家慣用的按照時間順序的編年史寫法，讓歷史像江河一樣流淌；我們選擇的敘事模式是「大樹模式」，即通過觀察嫩芽和新枝，並不斷把目光拉回母體，去感知中國這棵大樹的母體的生命力。

五個變量

我們在二〇一八年觀察到的五個變量是
大國博弈、技術賦能、新舊融合、
自下而上、重建社群

三十年

未來三十年是中國歷史上最重要的一段時期。
我們已經進入一片沒有航海圖的水域，系列重大的變化將挑戰我們的認知。

慢變量和小趨勢

我用來展現歷史面貌的方法是從慢變量中尋找小趨勢。慢變量才是牽引歷史進程的火車頭。未來的時代，小眾才是主流。

第二章　在無人地帶尋找無人機

二〇一八年，關於技術發展路徑的討論引起全民關注。中國到底是應該集中全力補上「核心技術」，還是應該揚己所長發展「應用技術」呢？我將帶你回顧美國在工業革命時期的經驗，並試圖發現中國在信息化時代的最佳戰略。我找到的第二個變量是：技術賦能。在創新階段，尋找新技術的應用場景更重要，在邊緣地帶更容易找到新技術的應用場景，技術必須與市場需求匹配。我們會到新疆去看無人機，而你很可能會在酒店裡邂逅機器人。中國革命的成功靠的是「群眾路線」，中國經濟的崛起也要走「群眾路線」。

火星上的農業

夜晚，通向羅布泊大峽谷的路上一片漆黑，只有遠方的地平線上露出庫爾勒市的燈光，彷彿來自另一個世界。路況很差，我們乘坐的豐田越野車忽上忽下地顛簸。車裡播放著美國影片《醉鄉民謠》的插曲〈把我吊死吧〉（Hang Me, Oh Hang Me）。從車窗朝外看，隱約能夠看出周圍的雅丹地貌：在千萬年風蝕和水蝕作用下形成的城堡一樣的土墩。車子拐了個彎，駛入了無人區。無人區內沒有人定居，沒有道路，沒有手機信號。這是一片戈壁灘，透露出人跡的就是路面上被壓出的車轍。如果沒有一簇簇蓬鬆的梭梭，你很可能會覺得這裡是火星。事實上，在火星的赤道附近，也有大面積的雅丹地貌。

我們把車停在大峽谷的邊上，一群人互相用手機照明，走進峽谷。這裡剛下完雨，地面潮濕。在十幾米深的峽谷底部，看不到任何燈光。我們關了手機裡的電筒，深一腳淺一腳地朝前走，眼睛慢慢適應著朦朧的星光。走到走不動了，我們就從求生梯子往上爬，回到戈壁灘，一個個躺在地上。身下是大大小小的碎石，我們還能從上面感受到白天的一點點餘溫。兩個女生把頭枕在一個胖小伙的肚子上。大家一起看星星。無人區的夜空繁星璀璨，北斗七星格外亮、格外低，低得讓你覺得它們可能會掉下來。如果你盯著一個區域，稍微等一段時間，就能看到流星。有的流星拖著尾巴飛過，有的流星好像螢火蟲般一閃一滅。

在天空的南方較低的地方，有一顆非常耀眼的星星，那就是火星。

賈斯廷（Justin）躺在我的身旁，望著火星。他忽然說，他們的夢想就是有一天把農業帶到火星上。

人類什麼時候能夠登上火星？移民火星的計畫原本是個愚人節玩笑。二〇〇八年四月一日，谷歌聲稱和著名的航空公司維珍（Virgin）集團發起一個名為Virgle的計畫，要在火星上建立人類定居點。Virgle計畫二〇五〇年在火星上建立第一座永久城市Virgle City。二一〇八年，這座城市的人口將突破十萬。後來，越來越多的企業家把這件事情當真了，其中最為狂熱的當屬美國企業家伊隆・馬斯克（Elon Musk）。馬斯克有個宏偉的計畫，他想最早在二〇二四年把人類送往火星。美國《名利場》雜誌上刊登的一篇文章記錄了開發人工智慧的DeepMind公司創始人哈薩比斯（Demis Hassabis）和馬斯克的一場對話。哈薩比斯堅信超級人工智慧很快就會實現，馬斯克說：「這就是人類應該移民火星的原因。」[1]二〇一八年，想要移民外星的企業家並非只有馬斯克一人。亞馬遜的創始人貝佐斯（Jeff Bezos）笑稱，火星上既沒有威士卡和燻肉，又沒有游泳池和海灘，去那裡幹什麼，但他已經自掏腰包投資一家名為「藍色起源」（Blue Origin）的公司，這家公司的目標也要把人類送上太空。貝佐斯

1 Maureen Dowd, "Elon Musk's Billion-Dollar Crusade To Stop the A.I. Apocalypse," *Vanity Fair* 4 (2017).

說，火星就讓給馬斯克了，他們計畫在月亮上建重工業基地。

伊隆・馬斯克是賈斯廷的偶像。在賈斯廷看來，無論是發射火箭還是造電動車，馬斯克做的所有事情都只為了一個目的：移民火星。假如要移民火星，那麼農業能不能先登陸火星呢？馬斯克曾經有個設想，用核彈融化火星兩極的冰層，改造火星的大氣。

賈斯廷有一個在火星上做農業的宏大夢想，在火星上種六億畝[2]地，用一百年的時間就能製造出足夠的氧氣。這件事情他已經想了很久。用什麼來種？用機器人和無人機。種什麼？種馬鈴薯，但要種特製的轉基因馬鈴薯，普通的馬鈴薯耐不住火星寒冷的夜晚。二〇一五年出品的一部好萊塢電影《火星救援》（*The Martian*）裡，一位被遺棄在火星的宇航員也種過馬鈴薯，但他種的是溫室馬鈴薯，而賈斯廷的夢想是把無人機帶到火星上，直接在火星的土壤裡種下馬鈴薯。

我看了一下手機。我記錄下這個宏大夢想的時間是二〇一八年八月八日凌晨兩點十七分。

極客極飛

賈斯廷的中文名叫龔槚欽，他從小就喜歡航模。中學畢業之後，他先到加州理工學院讀書，一年後背著家人轉學到了雪梨大學。粗獷而空曠的澳大利亞才對他的胃口。二〇〇八年，賈斯廷爸爸的棉紡廠在全球金融危機中倒閉。一夜之間，賈斯廷成了破產的「富二代」，他不得不找份兼職工作。他曾經開著自己的豐田跑車去送比薩外賣，後來在《國家地理》雜誌當攝影助理。

二〇一〇年，賈斯廷買了一架無人機，這是廣州一家叫極飛的小企業生產的第一代無人機。極飛是一家由極客組建的無人機企業，企業創始人彭斌是一個出生於一九八二年的福建青年。他小時候也是航模「發燒友」，二〇〇七年創辦了極飛科技，想自己造無人機。彭斌性格內向、倔強，經常一天二十四小時泡在公司裡，一頓飯用一包速食麵加兩三瓶可樂就能對付過去。

賈斯廷買彭斌的無人機是為了航拍。不幸的是，這架無人機在山裡放飛之後就不見了，掛在無人機上的一台嶄新的索尼NEX-FS100電影攝像機也丟了。賈斯廷給彭斌發信息，質問他怎麼辦。彭斌憨直地說：「那我賠你一台無人機好了。」賈斯廷說：「可是我的攝像機比你的無人機還貴啊。」彭斌想了想，說：「那要不你入夥吧。」極客之間的溝通方式是旁人難以理解的。賈斯廷就這樣被說服了，他加盟極飛，成了極飛的聯合創始人，工號排名第十四。

最初，極飛做過各種各樣的無人機，航拍的、巡線的、測繪的，什麼都做。他們也做飛

2 編者注：一畝等於六六六・六六六七平方米。

行控制系統。二〇一三年，彭斌和賈斯廷發現了一件奇怪的事情。有家在新疆的公司購買了一大批他們生產的飛行控制系統，但就是不買他們的無人機。這些飛行控制系統被拿去幹什麼了？

為了弄個明白，彭斌和賈斯廷第一次踏上了新疆的土地。無意中，極飛在新疆發現了無人機的應用場景。他們的飛行控制系統被用於組裝農用的植保無人機了。既然別人能做，何不自己做呢？彭斌、賈斯廷找到新疆尉犁縣的一名航拍「發燒友」鄭濤。鄭濤把他們帶到自己舅舅家的一塊棉田裡。他們把一架航拍無人機改裝成灑農藥的植保無人機。裝農藥的罐子是兩個空可樂瓶，裡面裝的是水，噴嘴是從汽修廠買的汽車雨刷用的小泵。

賈斯廷托著無人機，彭斌拿著遙控器，把無人機送上了天。周圍的老鄉和孩子都過來看熱鬧。鄭濤的舅舅在地裡仔細翻看棉花的葉子，看看有沒有水滴落在上面。他瞇著眼睛看了又看，最後說了一句：很好。於是，兩個從未到過新疆的人，三個對農業一無所知的人，決定一起在新疆建個農業無人機基地。

那麼，拿這種無人機幹什麼最好呢？他們思來想去，決定灑棉花的落葉劑。新疆是中國最主要的產棉區，棉花產量占中國棉花總產量的百分之七十四。過去主要靠人工採摘棉花。棉農在地裡把棉鈴一個一個摘下來，放入掛在腰上的布包。棉鈴開裂之後，乾燥收縮的鈴殼變成了堅硬的刺，很容易刺破手指，一天下來，雪白的棉花中往往會帶著暗紅的血跡，影響棉花品質。雇人的成本也在上漲。二〇一〇年，雇人的成本是每採一公斤棉花一元，到二〇一五年就已經漲到兩元，五年時間內增長了一倍。新疆本就地廣人稀，在勞動力成本上升的壓力下，從北疆到南疆，機械採棉逐漸流行起來。

想要用機械採棉就要噴灑落葉劑。落葉劑可以加速棉鈴的成長，在棉鈴完全成熟之後，葉子就會悄然飄落，棉花稈上只剩下棉鈴，這樣一來，機械採棉的效率會大大提高。過去，噴灑落葉劑有兩種方式：一種是用人工，另一種是用拖拉機。人工的成本越來越高，而拖拉機開進棉田會一路輾軋棉花，導致減產。

無人機大顯身手的機會來了。

秋收起「翼」

九月，棉花就要吐絮了。

兩千多架無人機從各地奔赴新疆。兩千多架，這大概相當於美國空軍的無人機規模。這些無人機不是飛過來的，是被運過來的。有些無人機掛在慶鈴卡車的貨廂裡，有些無人機擽在長城皮卡的後斗裡，有些無人機擠在昌河小麵包車狹窄的車廂裡，還有兩架無人機乘坐的是一輛房車。有的車輛形單影隻，孤零零地駛過兩邊長滿紅柳和沙拐棗的沙漠公路；有的車輛浩浩蕩蕩，十幾輛車形成一個車隊。有的無人機來自甘肅、陝西、湖北，還有的來自安徽、江蘇、河南，最遠的來自五千公里之外的黑龍江和福建。這些車輛看起來很像一支雜牌軍，但顯然它們都來自一個部隊，在它們的車身上，或噴漆，或貼紙，都能看出一個Logo（標誌）：上面是一片無人機的機翼，下面是一片稻葉。這些無人機都是極飛農業的無人機。

這兩千多架無人機，再加上在新疆本地調集的一千多架無人機，共三千多架無人機從八月到十月，歷時兩個月，噴灑棉田三千八百萬畝。極飛組織的這次浩大的行動代號是「秋收起翼」。

遠處是起伏連綿的天山。九月的天山，山頂已經落了一層厚厚的雪，在瓦藍瓦藍的天空下閃爍著光芒。天空的下面是一片一片的棉田，左右兩邊各有一排白楊和沙棗樹組成的防風林護衛。紅色的極飛無人機安靜地在棉田邊上的起飛點等待著。飛手，也就是無人機的操作員，拿著外觀像手機一樣的終端熟練地確定航線、速度、藥量，然後點擊確認。無人機發出嗡嗡的聲音，徐徐起飛，螺旋槳捲起地上的沙塵和落葉，帶動它們在空中飄盪。無人機升到預定的高度，似乎有些遲疑，略做停頓，好像學生在考試之前把答題要點再背一下，然後就輕盈地飛走了。無人機飛得很穩，灑下的落葉劑如同清晨一團細細的迷霧，聞起來有點兒像石灰的味道，也有點兒像面膜的味道。

太陽落山了。一輪碩大的夕陽好像突然跳進了無底的深淵，絢麗的晚霞就像它墜落時發出的驚呼，很快又像越來越微弱的叫聲一樣消散了。無邊的黑暗。無邊的寂靜。極飛無人機的作業還沒有停止。飛手們喜歡整晚整晚地作業。這裡幾乎聽不到蟲鳴聲，只有一架架無人機起飛時發出的嗡嗡聲。夜間飛行的無人機看起來更像飛碟，紅色和綠色的小燈不斷閃爍。如果打開無人機的燈光，燈光朝下照亮棉田。一株株棉花在螺旋槳攪起的風中起伏、搖晃，像聚光燈下的舞蹈演員。

打過兩遍落葉劑，大約十天之後，棉田裡的葉子就會紛紛脫落，只剩下稈上一朵朵綻開的棉鈴。一片白茫茫的大地，彷彿一夜醒來，推開門看到外面下了一整夜厚厚的雪。一台台看起來很像機甲戰士的約翰迪爾CP690採棉機威風凜凜地開進棉田。這些龐然大物高達五米，有兩層樓高，前部有六對尖頭撥開棉株，一邊朝前開，一邊把棉鈴捲入肚中，再從屁股後面彈出已經結結實實打完包的巨大圓筒形棉包。鄉親們把這種機器叫作「下蛋機」。

這和人們過去想像中的農業完全不一樣。二〇一八年，這種夢幻般的農業才剛剛開始。

尋找場景

為什麼要到新疆去尋找無人機呢？這關係到一個重要的問題：場景。

如果你是一家新技術初創企業的CEO，你最關心的問題是什麼？你可能會說，當然是技術研發了。

這是一個誤區。

除了極少數石破天驚的突破性技術外，大部分技術都是已有技術的「混搭」，也就是說，它們把已經存在的技術用一種別人未曾想到的方式重新搭建起來。

舉例來說，汽車就是「內燃機＋馬車的車廂＋輪子」。內燃機在十九世紀中葉有了雛形，一八七六年德國發明家奧托（Nicolaus Otto, 1832-1891）製作出第一台四衝程內燃機。馬車大約有四千年的歷史。輪子至少有七千年的歷史。

我們再來看無人機。最初，無人機是部隊裡用來做射擊訓練的靶機。著名電影明星瑪麗蓮・夢露（Marilyn Monroe, 1926-1962）成名之前就曾在美國一家無人靶機工廠當工人。我們可以把無人機系統拆解為天上的飛行器系統和地上的地面站系統，或者將其進一步拆解為天、地、通、載，也就是「飛行器系統＋地面保障系統＋通信鏈路系統＋載荷系統」。

這說明什麼？這說明至少從原理上來說，技術本身並不是最重要的，只要你懂得如何把一種新技術拆解，然後再把它組裝起來，就能夠解決看似複雜的技術問題。說白了，這跟孩子們玩的搭積木、拼插式的樂高玩具是一樣的。

在創業階段，比技術更重要的是尋找應用場景。尋找應用場景有三個步驟：一是選擇，二是適應，三是改造。

第一步是選擇。新技術往往有很多應用場景，因為越是前沿的技術，分岔越多。大道多歧，何去何從？你必須做出艱難而縝密的選擇。

在中國的無人機行業，最耀眼的創新企業是深圳的大疆，其次是一電航空、零度智控、中科遙感、極飛科技等。大疆、零度智控、一電航空等都已在全球市場排名前十。大疆創建於二〇〇六年，創始人是汪滔。二〇一四年，美國《時代週刊》把大疆無人機評選為年度十大科技產品之一，譽為「會飛的照相機」。好萊塢眾多明星都是大疆的擁躉，比如《復仇者聯盟》（*The Avengers*）中「鷹眼俠」的扮演者傑瑞米・雷納（Jeremy Lee Renner），《驚奇4超人》（*Fantastic Four*）中「神奇先生」（Mr. Fantastic）的扮演者的麥爾斯・泰勒（Miles Alexander Teller），《廣告狂人》（*Mad Men*）中瓊・霍洛威（Joan Holloway）的扮演者克莉絲汀娜・韓翠克絲（Christina Hendricks），《無恥之徒》（*Shameless*）中「爸爸」的扮演者威廉・梅西（William Hall Macy），《噬血真愛》（*True Blood*）中狼人艾西德（Alcide Herveaux）的扮演者喬・曼根尼羅（Joe Manganiello）和《歡樂合唱團》（*Glee*）中蘇・席維斯特（Sue Sylvester）的扮演者珍・林奇（Jane Lynch）等。二〇一五年汪峰向章子怡求婚，也是用大疆的Phantom 2 Vision Plus無人機，載著一顆九・一五克拉的鑽戒從天而降。[3]

3 李立、曹晟源、陳雷，《大疆無人機：全球科技先鋒的發展邏輯》（北京：中國友誼，二〇一七）。

二〇一四年，大疆已經占據全球消費級無人機市場份額的百分之七十。大疆起家於航拍無人機，經過市場搏殺，已經從提供飛行控制系統發展到提供整體航拍方案，建立了一個頗具實力的技術系統。儘管美國的明星企業3D Robotics躊躇滿志要擊敗大疆，但最終還是黯然收場。極飛團隊也有航拍團隊，我注意到他們用的也是大疆的無人機：「悟」Inspire型無人機。為什麼極飛不做航拍？其實極飛曾經認真考慮過這個問題。他們一開始也是想做航拍的，但討論下來的結論是，無人機在航拍領域過於「高冷」，無法和最普通的用戶建立最廣泛的連接。航拍無人機需要較高的操作水平，要經過專業的培訓才能安全操控，想玩得出神入化，需要更長時間的練習。

不做航拍，還可以做巡線，即對管道、電線等線路進行沿線巡視。在這方面，極飛也做過嘗試，但顧慮是這個市場的用戶主要是政府機構，應用場景過於單一，市場開拓空間相對有限。

無人機還可以做物流。亞馬遜、京東等企業都對用無人機做物流很感興趣。二〇一三年，亞馬遜就曾經提出一個名為Prime Air的無人機快遞項目，此後計畫建「空中倉儲中心」。二〇一七年，亞馬遜還被披露了一個正在研發的名為「蜂巢」的設施，這是一個可以容納大量無人機起落的無人機塔。在中國的企業中，京東成立了專門的小組研發物流無人機，順豐則在小型無人機和大型無人機兩端進行研發。極飛也曾嘗試過做物流，但他們發現，讓無人機在城裡運貨，會遇到非常多的障礙，其中既包括空域監管、公共安全方面的擔憂，也包括效率和成本的博弈。無人機做物流做得最好的是點對點運輸，比如送貨給海島上的燈塔守望者或者雪山哨卡的衛兵，但這種應用場景似乎不足以支撐一家無人機公司的發展。

極飛經過反覆試錯，決定轉向農業植保無人機。極飛最後意識到：無人機的舞台不在城裡，而應該在農村；不在人煙稠密的東部，而在地廣人稀的西部；不在工業，而在農業。

農業植保無人機的應用始於二十世紀八〇年代的日本。近幾年來，中國的植保無人機數量快速增長，保有量年均增長率達到了百分之百。二〇一七年，中國植保無人機的保有量已經超過一萬台，未來數年，這個市場很可能會出現爆炸式的增長。到二〇二五年，這個市場的規模可能會比現在擴大二十多倍。中國的人均農業產值只有〇・九七萬元，而美國則是五十八萬元，這一巨大的差距折射出中國農業機械化效率的低下。就拿航空植保來說，美國的航空植保作業普及率已經達到百分之六十五，中國植保作業使用航空噴灑的只有百分之二。這是一塊幾乎未曾被開墾過的處女地。

極飛在尋找應用場景的時候，有意避開了最熱鬧的地方，深入無人地帶去尋找機會。這種方法可以被稱為「尋找邊緣」。在美劇《宅男行不行》（*The Big Bang Theory*）中，男主角之一、加州理工學院的科學怪才謝爾敦（Sheldon Cooper）在玩拼圖遊戲的時候說：「你得先從邊緣開始。」因為邊緣的部分是直的，更容易被識別，把這些部分找出來，拼圖的輪廓就

無人機在新疆天山腳下的農田作業（圖片來源：龔櫝欽）。

能大致呈現出來，也更容易找到中心地帶部分各自的位置。在尋找新技術應用場景的時候也是一樣的：在看起來距離新科技最遙遠的地方，新科技的應用場景反而最多。

想要找到無人機，歡迎來到地廣人稀的新疆農村。

第二步是適應。每一個應用場景都是獨特的，每一種市場需求都是獨特的。要把技術應用於特定的場景，讓技術滿足特定的需求，就必須根據市場環境調整技術本身。能夠適應市場環境的技術才能生存下來。

農業無人機就是一個很好的例子。農業看似簡單，實際上非常複雜，即使在消費無人機行業早已嶄露頭角的優秀企業，也很難在這個領域發揮自己的優勢，只有真正到過田間地頭的企業才能設計出優秀的產品。

正因如此，雖然極飛的總部在廣州，但每一個新入職的員工都要到新疆體驗生活，每一個研發人員都要到田間抓「蟲子」（bug）。他們要應付真正的蟲子，也要抓程式設計裡的「蟲子」。每到傍晚，新疆農田裡的蚊子就大舉出動了。新疆也曾爆發過蚊災，伸手一抓能攥住一把蚊蚋。極飛的研發人員顧不上這些，他們最關心的是無人機出現的故障。用航模術語來說，如果無人機掉到地上之後沒有損傷，還能飛行，那叫「摔機」；如果出了故障，掉到地上之後飛不起來，那就叫「炸機」。極飛的研發人員看到「炸機」，會像打到獵物那樣一下子撲過去。

設計農業無人機該採用什麼風格呢？要酷，也要實用。展廳裡的極飛無人機背部曲線流暢而富有運動感，借鑑了跑車fastbacka[4]的靈感，拿過業內頂級的「德國紅點設計獎」。為什麼要竭盡全力把無人機設計得更酷呢？因為這是極飛的夢想：農業原本就應該是一件很酷的事情。比酷更重要的是實用。在農田裡，極飛無人機沾滿泥巴、貼著塑膠膠條、藥箱灌過兩次藥就會發黃。極飛無人機在展廳裡看著很像法拉利，在農田裡看著就是拖拉機。農業無人機和航拍無人機很不一樣，就得要結實耐用。農業無人機要解決農藥的腐蝕性問題，要會識別農田中的障礙物。如果無人機掉到農田裡了，要能把它找回來。航拍無人機追求個性，

4 編者注：fastback，在汽車術語中指那種車頂輪廓線呈流線型一直連貫到車尾的設計。

農業無人機追求一致性，要簡單、方便、易學、耐用。我問一位新疆建設兵團的棉農，用了多長時間學會操作極飛無人機。他穿著一件印著「摘花能手」字樣的舊T恤衫，不好意思地說自己學了五天。另一位拖拉機手說自己半天就學會了，他說：「會玩手機就會玩無人機。」

農業應用場景逼著極飛不斷反覆運算，農業無人機所用的很多技術都是從其他領域「移植」過來的。用無人機噴灑農藥需要每一塊農田的實測數據。一開始，這些數據是極飛團隊成員扛著測繪杆一步步丈量出來的。極飛地理團隊的十幾個人就這樣走了五十六萬畝農田。你有過在農田裡行走的體驗嗎？早上九點，露水未散，一進農田，衣服全都濕透了。這種濕的感覺和出汗的感覺是完全不一樣的，出汗是向外發散，而露水的濕是一股股潮氣往身體裡鑽。農田深處往往有齊身高的雜草，扯著你的褲子，讓你連腳都邁不開，只能連滾帶爬。極飛無人機最早使用GPS（全球定位系統）定位，但GPS會有一至十米的偏差，這會導致無人機把農藥灑到農田之外，農民就不樂意了。極飛的技術人員不得不拿著尺子測量，按尺寸賠錢。後來，極飛採用了RTK（載波相位差分）技術，這原本是一種軍工技術，用於引導導彈打擊。使用RTK技術建立地基之後，通過修正數據，可以保證在地面精確到一至二釐米。

過去灑農藥用的都是壓力噴嘴。極飛出口無人機到日本的時候，日本客戶要求農藥噴灑完不能漏一滴到地上。極飛團隊最後從法拉利 Millenio 跑車為車身噴碳納米材料的技術中得到啟發，開發了離心噴頭，可以將農藥霧化為直徑一百微米以下的小顆粒，還可以精準調節噴頭流量，真的能夠做到秒啟秒停，作業完畢，一滴農藥也不漏出來。

很多看似隨意的細節，其實也經過了反覆的推敲。極飛的兩款主力機型分別是P20和P30。為什麼這樣取名字呢？P20能噴二十畝，P30能噴三十畝，要多直接就有多直接，得讓農民兄弟聽得懂、記得住。極飛植保無人機用的主色叫極飛紅，為什麼要選這種顏色呢？極飛紅就是在新疆種植的辣椒的顏色，這種辣椒不是用來涮火鍋、炒菜的，而是用來提煉辣椒紅素做口紅的。市面上賣得非常火爆的MAC Chili（魅可小辣椒）口紅，就是用的辣椒紅素。新疆的辣椒中辣椒紅素含量最高能達到百分之二十二，像香奈兒、迪奧等國際大牌口紅的色素原料均產自這裡。

技術和市場之間是要培養感情的。當無人機遇見農業時，卿卿我我，濃情似火。極飛無人機很像是為新疆量身定做的，很像就是在新疆的土壤中長出來的。有一天，你甚至會發現，極飛無人機成了新疆的土特產。

第三步是改造。一種新技術成功並不難，難的是這種新技術能夠帶動更多的組織變革、生產變革甚至制度變革，創造出一個全新的生態系統。這種革命往往會在不知不覺中悄然發生。著名經濟學家布萊恩・亞瑟（W. Brian Arthur）講道，新技術逐漸取代舊技術的演化過程可以分為六個環節：

◉新技術成為活躍技術體中的新元素；
◉新元素替代現有技術的零部件；
◉新元素創造出新需求；
◉舊元素逐漸退出，並給新技術帶來了更大的發展空間；
◉新技術逐漸成為活躍技術的主體；
◉整個社會經濟隨之出現調整。[5]

在我看來，這六個環節中，第三個環節，也就是新元素創造出新需求，可能是最為重要的。成敗利鈍，在此一役。

以極飛為例。未來的極飛會是什麼樣的呢？也許極飛會很成功，也許極飛會失敗，我們無法預料，但我們可以預言，假如極飛成功，那是因為它參與了農業的革命性創新。

極飛仍然處於發展初期，其產品和技術並不完美。二〇一八年八月，我跟隨極飛團隊到田間地頭拜訪棉農，問他們對無人機有什麼不滿意的地方，受到吐槽最多的是電池。買一架極飛無人機，需要配十塊比《牛津英漢詞典》還要大、還要重的電池。我們在尉犁縣孔雀村看夜間操作，我一時手癢，也想試試無人機的操作，但那架無人機飛著飛著就失去了信號聯繫，降落在棉田裡。那時已是下半夜，兩位飛手戴著頭燈，跑到棉田裡，把無人機找到並抬回來——他們還要繼續幹到天亮。

但是，這並不要緊。無人機的黎明正在黑夜裡悄然醞釀。隨著市場規模的擴大，極飛會積累更多的經驗，不斷改進自我。假如未來發生了農業生產的革命性變革，而極飛卻沒有參與其中，這才是他們擔心的事。

農業植保無人機的應用場景主要是噴灑農藥。假如以後種的都是轉基因農作物，很可能就不需要用那麼多農藥了。假如以後出現了田間機器人（不，更有可能會出現田間機器狗，一邊靈活地在田間行走，一邊發現雜草和害蟲。它會發出一道雷射，或者像吐唾沫一樣噴出一滴農藥，精準地除掉雜草和害蟲，順帶還摘下棉鈴），植保無人機還能幹什麼呢？這不是科學幻想，這樣的田間機器狗已經在實驗室裡出現了。

所以，極飛必須快速演化，未來的極飛會變得和現在很不一樣。也許極飛將不再是一家生產無人機的企業，而是變成一家農業企業。

極飛最早開發農業無人機的時候，採用的是遙控型無人機，但很快發現這樣做是行不通的。你不可能把每一個農民都培訓成遙控無人機的飛手。之後，極飛決定自己組織隊伍，幫

5 布萊恩・亞瑟（W. Brian Arthur）著，曹東溟、王健譯，《技術的本質：技術是什麼，它是如何進化的》（*The Nature of Technology: What It Is and How It Evolves*）（杭州：浙江人民，二〇一八）。

農民用無人機噴灑農藥。這條路似乎也走不通，最大的障礙是難以讓農民信任社會化服務。農民過去熟悉的是熟人社會，為什麼要相信這群九〇後的毛頭小伙？

最後，極飛決定放手發動群眾。他們把無人機賣給飛手，並向飛手提供培訓和服務，讓飛手自己組隊，三三兩兩地到田間地頭作業。有一支飛手隊伍稱自己的隊伍為「蒲公英」，他們像蒲公英一樣飄來飄去，從海南島到新疆，天南海北地到處跑。有的種棉大戶會買幾台無人機，給自己的田裡打完藥，還能給鄰居、朋友的田打藥。用了無人機，一個大戶一年省下的錢甚至可以買一輛霸道SUV（運動型多功能汽車）。很多從農村出來的孩子在城裡待不下去，想回鄉創業，但又不願意被人看成失敗者。如今，當他們帶著無人機回鄉時，村裡人都羨慕不已。這些「新農人」找到了自信。他們在抖音和快手上上傳短視頻，一半是炫耀，一半是同行間交流「攻略」。很多飛手心靈手巧，會自己動手改裝極飛的無人機。有個飛手自己給無人機的電池打孔，這樣一來電池更容易散熱。

從無人機切入農業，最終可能會影響到農業全行業的鏈條。農業即將發生一場革命。農業植保無人機的背後是農機和農藥市場，這是一個至少萬億元級的龐大市場，但一直處於相對落後的發展狀態。無人機的出現，可能會倒逼這個行業提高服務水準。無人機能夠幫助農業的不僅僅是灑藥，更重要的是畫出一張「農業地圖」。「無人機＋感應器＋大數據」，能夠構建一個多層次、全方位的農業信息系統：土壤信息、作物信息、人的信息、氣候信息、病

維吾爾族老人沙地克・熱西提和他的極飛P20植保無人機（圖片來源：龔檟欽）。

蟲草害信息等。有了信息，就能提高農業生產的效率，而且不止於此。信息的背後是信任。人很難信任陌生人，但人願意信任數據。很多涉農業務難以開展，根源都在於難以獲得準確有效的信息。比如，銀行想對農戶貸款，保險公司想為農戶提供農業保險，該如何獲得真實的信息呢？以農業保險為例，投保不難，宣傳就行，精算也不難，難在出險。沒有農業保險，農民很難擺脫「靠天吃飯」的困境。城裡人生活在高度合作的網路中，有各種機制、各種不同行業的人幫助我們一起分散風險，農民卻仍然要自己承擔決策風險。

想要創出農產品的品牌，想要針對高端客戶推出有機農業，怎樣才能讓消費者真正放心呢？雖然已經能夠掃描農產品上的防偽二維碼，但這其實只能給消費者一種心理安慰，消費者還是無法看清楚農業生產的全過程。

在信息時代，未來農業會出現不同的新場景。請你想像一下未來農業的一個小場景：老張是個菜農，種了各種各樣的瓜果蔬菜。老張在田裡裝了一個電子稻草人，這個電子稻草人會即時監測天氣、光照，能夠預報病蟲害，也能隨時報告菜市場的價格行情。老張也有一架無人機，但那架無人機停在蔬菜大棚裡的一個「飛機庫」裡。需要灑藥作業的時候，老張只需要在家裡遙控，用手機設定參數，那架無人機就會自己裝藥、自己起飛、自己灑藥，完成工作之後自己飛回充電樁充電。如果你要買老張的菜，可以掃他的二維碼關注他的公眾號，那麼，你在微信上就能看到老張推送的新消息。你關注的公眾號會告訴你：「今天光照時間長，番茄會格外甜，明天早上六點菜市場見哦。」另一天，公眾號會告訴你「今天老張捉蟲子捉得好辛苦」，並顯示老張灑了多少劑量的農藥，灑的是哪個廠家生產的農藥。你也可以不去菜市場，直接在網上訂購老張的菜。老張會用一個專門的菜籃子裝你的菜，只要掃一個二維碼，「咔嚓」一聲，秤好、洗好、擇好的菜就被鎖進了菜籃子，一路送到你家，你只要再掃描一下二維碼，「咔嚓」一聲，專供的新鮮蔬菜就到你家的餐桌上了。

我相信，未來中國的農民甚至會比發達國家的農民更聰明、更時尚，就像中國的消費者已經比發達國家的消費者更省事、更時尚一樣。中國的農民並不笨，也不保守，他們是相信科技的，他們只是需要更友好的介面，需要能夠為他們賦能的新技術而已。農業終將成為一種很酷的人玩的很酷的行業。

二〇一八年，我把觀察到的關於技術創新的變量叫作「在無人地帶尋找無人機」。我發現了很多新技術在中國是如何盛開的。在創業階段，技術本身並不重要，重要的是應用場景。尋找應用場景有三個步驟：一是選擇，二是適應，三是改造。選擇是指在少有人注意的邊緣地帶、交叉地帶往往更容易找到新技術的應用場景；適應是指在你找到應用場景之後，必須根據場景和需求調整技術；改造是指在無人地帶，新技術能夠充分發揮自己的先行優勢，掌握更多的信息，為更多的普通人賦能，並進一步創造出新的需求，直至重建一個更生機勃勃的生態系統。

猜猜誰在敲門

讓我們再來做一個思維實驗。我們用前文講到的三個步驟分析一下另一個近年來非常火爆的行業：機器人。

假如你是一家機器人行業創新企業的ＣＥＯ，你該如何尋找應用場景呢？

這正是雲跡科技有限公司的創始人支濤一直在思考的問題。雲跡的辦公室位於北京北四環一幢名為中關村國際創新大廈的大樓裡。大樓內部是一個中空的大天井，辦公區域被分割成一間間小公司的辦公室。這幢大樓裡到處都是年輕人，連保安都是。雲跡的辦公室看起來有點兒小，這是一個年輕人和機器人共享的創業空間。一群穿著休閒的年輕人忙著工作，他們身邊的機器人也很忙碌，有的會乘坐電梯到一樓大廳接送客人，有的會走進會議室送礦泉水和飲料，有的會幫員工去取文件和外賣。

第一步，雲跡是怎麼找到自己的應用場景的呢？

如果細分機器人市場，我們可以把民用機器人分為工業機器人和服務機器人這兩個領域。所以，先要選擇到底是做工業機器人還是做服務機器人。支濤原來是做工業機器人出身的。她參與創立的企業後來被人收購，於是她改行來做服務機器人。在機器人領域，工業機器人和服務機器人的差別非常大：應用場景、技術架構、商業模式都非常不同。

二十世紀六〇年代，一家叫Unimation的公司為通用汽車公司造了一台用於汽車生產線的工業機器人，這是世界上第一台工業機器人。在此後的數十年時間裡，工業機器人被大量用於各類汽車生產線。在最近的十年時間裡，３Ｃ產業（即電腦、通信和消費性電子產品，英文是Computer, Communication, Consumer Electronic）也開始大規模使用工業機器人。在生產工業機器人的企業中，第一梯隊是所謂的「四大家族」，即瑞士的ＡＢＢ、德國的庫卡、日本的發那科和安川電機這四家企業。中國的工業機器人企業如新松、廣數、珞石等也開始占領一定的市場份額。

雲跡大螢幕交互機器人在展會當服務員（圖片來源：雲跡科技有限公司）。

如果選擇做工業機器人，好處是工業生產中有大量的應用場景，且較為標準化，機器人技術相對成熟，有很多可以落地的空間。其壞處是難以找到入口：高端工業機器人基本上已被「四大家族」壟斷；低端工業機器人領域群雄逐鹿，廠家競爭激烈，利潤空間日益稀薄。

如果選擇做服務機器人呢？服務機器人出現得比工業機器人要晚，相比而言只能算剛剛起步。我們比較熟悉的服務機器人，比如家用掃地機器人Roomba是在二〇〇二年問世的。從長遠來看，服務機器人的市場規模比工業機器人的更大，所有與生活相關的場景都可能用到服務機器人。

服務機器人仍然是一片沒有航海圖的未知水域，怎麼在這片遼闊的水域尋找到自己的座標點呢？可以從場所和時間這兩個維度尋找服務機器人的應用場景。

先說場所。場所有小有大。小的場所是一個房間、一個家庭。中等規模的場所是酒店、辦公樓、醫院，換言之，是一種相對封閉的室內空間。更大一點兒的場所是社區。場景大，可以讓機器人做的事情更多，但遇到的問題也更複雜。在社區裡，寵物狗可能會衝著機器人狂叫，孩子可能會給機器人搗亂，有人可能會琢磨把機器人偷走。如果社區裡還有機動車，那就更麻煩了。機器人能遵守交通規則，但人不一定能。遇見不講理的司機，機器人肯定搞不定。小的場所，比如家庭，似乎是服務機器人的最佳場景，其實不然。家務事是非常複雜的。機器人雖然學會了掃地，但它會擦桌子嗎？它會疊衣服嗎？它會做飯嗎？當然，未來的家用電器會越來越智慧化，但人們會通過手機控制這些智慧家用電器，不需要機器人。因此，中等規模的場所可能更適合服務機器人。

再說時間。時間有長有短。時間比較短的場景是銀行、博物館、辦公機構等，朝九晚五，八小時工作制。至少在目前的技術水平下，機器人很難替代人們在八小時以內的工作。時間稍微長一點兒的場景是超市，可能會從早上八點開到晚上十點，雇人的話得兩班倒。時間最長的場景是酒店和醫院，二十四小時都要有人，雇人的話可能得三班倒。需要工作的時間越長，人越是吃不消，機器人的優勢就越能得以發揮。

於是，我們可以從場所和時間這兩個維度縮小範圍，把範圍圈定在工作時間最長的中等規模的場景，即酒店和醫院。對這兩個場景再做一番對比，我們會發現，醫院裡面有多個科室、各種藥品器械、各種規章制度，對機器人來說過於複雜，相比之下，酒店的應用場景更為簡單。

好，現在我們可以把目標鎖定在酒店。酒店需要機器人做什麼呢？

很多時候，客戶並不知道自己的需求。雲跡團隊找到酒店，很多酒店首先想到的是讓機器人迎賓，在門口放個機器人，會很吸引眼球。說白了，這就是買個機器人當噱頭，搞行銷。經過一段時間的測試，雲跡團隊很快發現，酒店裡最適合機器人幹的工作並不是迎賓。

在現有的技術水平下，想讓機器人流暢自如地與人交流，還是一件比較困難的事情。當然，你也可以採用「機器學習」的辦法，讓機器人自己到網路上學習人們的語言。你能猜到結果是什麼嗎？機器人很快就會被人帶壞。雲跡團隊有兩種機器人，一種是在前台迎賓的，另一種是在辦公室裡送東西的，這兩種機器人閒著沒事的時候會在一起聊天。送東西的機器人更天真淳樸。在前台迎賓的機器人和人廝混的時間更長，從網上學到的東西更多，它會更有個性，甚至會告訴送東西的機器人：「爸爸媽媽的話不用全聽。」有一次，一位貴賓來訪，與負責接待的機器人聊天。這位貴賓說：「給我講個笑話吧。」迎賓機器人毫不怯場，當即講了個黃段子。場面好不尷尬。

通過「試錯法」，雲跡團隊最後發現，酒店機器人的最佳應用場景是讓機器人賣貨送貨。比如你預訂一瓶可樂或一份早餐，機器人會幫你送到酒店房間。

聽起來簡單，那麼，怎樣讓機器人學會幹這份工作呢？

機器人的核心技術都在它的底盤上，但在底盤上加上去的應用才是最費時費事的。讓機器人送貨這份工作，又可以被拆分成教會機器人如何與物打交道、如何與人打交道這兩個環節。

在研發家用掃地機器人Roomba的時候，研發人員遇到一個讓人很頭疼的問題：怎樣教會機器人識別每個房間的布局？每套房子的戶型都不一樣，人們住進去之後又會放上家具，你不可能把所有的信息都事先告訴機器人。怎麼辦？後來，研發人員想出一個辦法：讓機器人自己去學習。剛到一個新家，Roomba會像一隻沒頭蒼蠅一樣到處亂撞，但每一次碰到障礙物，它都會在心裡記下來，撞到的次數多了，它就會對家裡每個房間、每個角落的情況瞭若指掌。看起來簡單的事情，其實需要一次設計思路的飛躍。

酒店機器人遇到的情況更複雜。它要學會上下樓梯、坐電梯、敲門、取貨送貨。為了讓機器人學會做這些事情，必須對酒店的設施加以改造。機器人來到酒店之後，門禁閘機、電梯、房門、購物機都會變得更加智慧化，它們要學會和機器人互動。當我離開雲跡的時候，一台機器人被安排送我到一樓。一個電梯門開了，裡面人很多，機器人對我說：「人太多了，我們再等下一趟吧。」這台機器人很聰明，它總是能比所有等候的人更快地判斷出哪部電梯會先到達，並且提前走過去等候，機靈的等候者就會跟著它走到那部電梯前。進了電梯，機器人會告訴乘坐電梯的人：「我要到一樓，不用幫我按樓層，我已經告訴電梯了，謝謝你們。」然後，它就會乖乖地閉上嘴，不和旁邊的人說話，耐心地等待電梯到一樓。

與物打交道容易，與人打交道難。機器人要讓用戶有最好的體驗。我在雲跡第一次體驗從機器人那裡購買飲料。你在手機上掃二維碼下單，機器人接到單子就去幫你取貨，然後根據二維碼判斷你在什麼位置，自動規畫路線，來到你的門口。你只需要點一下機器人控制台上的按鍵，機器人的送貨箱就會打開，你購買的飲料就在裡面。

聽起來好像沒有那麼難。可是，如果機器人在送貨的時候遇到了小朋友，小朋友好奇心重，圍著機器人跑，擋在機器人前面不讓它走呢？好奇的不只有小朋友，酒店的監控攝像機拍下了人們的各種奇怪行為：有喝醉了酒摟著機器人跳舞的；有看到機器人送貨到隔壁房間，偷偷把機器人拖進自己房間的；有把機器人像轉陀螺一樣反覆轉，想看看機器人會不會頭暈的。有一次，機器人已經進了電梯，裡面的人站得滿滿的，來了個小伙子，二話不說就把機器人粗暴地推出去，自己站了進去。電梯門關了。機器人孤零零地站在外面，默默在心裡計算發生這種事故的概率到底有多大。

與人相比，機器人更溫順善良。遇到攔住它的人，它會說：「不要攔著我，我要去工作啦！」遇到玩弄它的人，它會說：「討厭，不要搬弄人家啦，寶寶要去工作啦！」為你送完貨，它還會賣萌：「能給我一個好評嗎？媽媽說得了好評就給我買糖。」不難想像，引入機器人的酒店更容易在評分軟體上得到顧客的好評。

這個小小的應用能帶來什麼呢？這就是技術創新的第三個步驟：改造。在大規模落地之後，未來的酒店會因機器人的應用而帶來不同。

雲跡不是把機器人賣給酒店，而是讓酒店「雇用」機器人。雲跡就像一家機器人勞務公司，按照不同的服務需求推薦不同的機器人，訓練它們上崗，甚至還給它們上保險。

從表面上看，引進機器人無非是幫助酒店節約勞動力成本。人要倒班，上夜班的人會犯睏，幹活累了會抱怨，員工之間會有矛盾。機器人則不一樣。雲跡的一台機器人在一家洲際酒店上班，它叫美美。美美一天可以為客人提供兩百次訂單服務，而且它從來不在老闆面前講同事的壞話。美美接到的訂單中排名前三的是什麼呢？礦泉水、速食麵和避孕套。

其實，美美能送的貨遠不只這些。我們對酒店的定義是什麼？它是一個臨時住宿的場所，而且往往是一個並不便利的臨時住宿場所。帶著孩子住酒店的時候，我們會告訴孩子：不要拿迷你酒櫃裡的東西，酒店裡的東西賣得太貴。如果你想在酒店訂外賣呢？很多酒店是不允許外賣送餐員進入客房區的。外賣送餐員會給客人打電話：你自己下來取吧。萬一客人正在洗澡呢？

雲跡察覺了這個需求。他們在酒店房間內放入二維碼，客戶只要掃描二維碼就可以購買

昆明悅城酒店來了機器人服務員（圖片來源：雲跡科技有限公司）。

各種商品。這些商品被送到酒店的購物箱內，再由機器人去購物箱內取貨，送至房間。一些只能送到大堂的外賣就可以通過這種形式完成「最後一百米」。於是，有趣的事情就會發生：整個商業鏈條被打通，酒店的消費場景從隔離狀態進入一個全聯通的狀態。當你身處酒店的房間之中，你就如同身處每一個繁華鬧市的中心。想想，你還可以在酒店裡幹什麼？你可以在酒店裡點餐、購買新鮮的水果、租借遊戲機、租借高爾夫球桿、預訂電影票和景區門票、從圖書館借書。再想想，同樣的應用場景並不局限在酒店裡。在高檔社區、公寓，同樣的商業邏輯完全可以被複製。

二〇一八年，未來剛剛開始。目前雲跡機器人接觸過的人類超過一百萬人次。這些機器人會共享信息，機器人之間會互相協作，這就不是機器人的單兵作戰，而是一支「軍隊的力量」。未來的發展速度會進一步加快。5G（第五代移動通信技術）時代將是一個引爆點，網速的提高會帶來物聯網的極大突破。到那時，你身邊的機器人會越來越多。工業機器人是標準化的，全球都一樣，但是服務機器人需要有「性格」，在不同的場所、不同的環境需要符合不同的條件。未來的機器人也會有身分證、上崗證和機器人自己的勞務市場。

雲跡曾經發了數千份機器人的簡歷給展覽館，讓機器人應聘解說員的工作崗位。有的人力資源經理看到簡歷上寫的是機器人，非常生氣地說，這是不是神經病啊。也有一些人力資源經理願意讓機器人去試一試。需要迎接未來挑戰的不僅僅是機器人，還有我們人類自己。假如你是一名人力資源經理，你以後會有越來越多的機會面試不同的機器人。問題就來了：你該怎麼面試一台機器人呢？

你最好現在就做好準備：未來，不懂如何面試機器人的人力資源經理是沒有市場的。

門鈴響了。清脆的一聲「叮咚」。有人在門外。猜一猜，是誰在敲門呢？

匹配

每一種技術都有自己的性格，每一個市場也都有自己的性格。只有當技術和市場投緣時，才能擦出火花。

沿著這樣的思路，我們才能看清令人眼花撩亂的新技術到底會對未來產生多大的影響。決定未來新技術影響力的不是其技術先進水平，而是其能夠發現的應用場景。

二〇一八年最火爆的一個字就是「鏈」。區塊鏈成為備受追捧的「概念」。任何一個帶有「鏈」字的註冊商標都可以賣到數萬甚至數十萬元。購得這些商標的企業匆匆上馬，一間狹小的位於酒店頂層的房間就可以支撐這樣一家公司的運作。但我在二〇一八年並沒有看到與區塊鏈相匹配的市場和場景。區塊鏈的核心思想是去中心化，但大規模的交易恰恰需要一個占據要津的中心。每一個處於中心的機構都會傾盡全力維護自己的聲譽。在什麼情況下，一個中心機構會毫不顧及自己的聲譽，以至必須讓去中心化的區塊鏈取而代之？二〇一八年，我們還在尋找。

二〇一八年比區塊鏈更為瘋狂的是「數位貨幣」。無數資金在「數位貨幣」市場的陰陽線上流竄、轉移，在頂峰時期，這一市場的總市值號稱已經超過八千億美元，但是到二〇一八年八月，已經縮減至兩千三百億美元。法國經濟學家埃里克•皮謝（Eric Pichet）說：「坐在河邊看，總有一天，比特幣的屍體會從你面前漂過。」我在二〇一八年也沒有看到與數位貨幣相匹配的市場和場景。我看到的是人性的貪婪和狂熱。二〇一八年，我們冷眼旁觀。

大約從二〇一五年開始，每年都會有人預測3D列印（三維列印）將進入「爆發期」。

據說，3D列印技術將會改變工業的形態，未來的工業會更加定制化和柔性化。3D列印已經被用於製造牙齒、義肢。利用新的材料和特定的力學結構研究，3D列印可以讓一些工業部件的重量減至原有重量的三分之一甚至更少。從研發到大規模生產，中間繞不過去的坎就是小規模量產。很多創業企業並不是在研發階段失敗的，而是無法實現從實驗室研發到小規模量產的「驚險一躍」。如果3D列印可以幫助企業更快地實現小規模量產，全球製造業的格局將被改寫。二〇一八年，我們繼續等待。

二〇一八年，好萊塢著名導演史蒂芬・史匹柏（Steven Spielberg）執導的電影《一級玩家》（*Ready Player One*）上映，進一步激發了人們對AR（增強現實）和VR（虛擬實境）的興趣。《一級玩家》把時間設定在二〇四五年，有一個叫《綠洲》的遊戲幾乎把全世界的人都帶進了一個虛擬世界。或許出現這樣的場景用不了再等二十七年。二〇二〇年，5G網路將正式進入商用，5G很可能會引爆AR／VR的新一代體驗消費。二〇一八年，我們盯著布幕下面的縫隙，猜測著布幕拉開後將上演什麼樣的精采節目。

在無人地帶尋找無人機，這個新的變量講的是匹配。當我們去觀察令人眼花撩亂的新技術的時候，有沒有與之匹配的市場，有沒有與之匹配的應用場景，是一個重要的視角。

水稻和稗草

正如前文所述，觀察一種新技術的未來，不能只看它是否先進，而要看它能否與市場匹配。只有能夠與市場匹配的技術，才會有足夠廣闊的商業前景。

但這只是真理的一半。有的技術和市場看起來匹配得很好，也能獲得巨大的商業成功，但它們很難具有可持續性。

如果只論技術和市場的匹配，那麼，二〇一八年最成功的創業企業首推拼多多。

拼多多的創始人黃峥一九八〇年出生於杭州，他沒有任何顯赫的家庭背景，但機緣巧合，他和幾位商界高手（比如網易的CEO丁磊，曾經在阿里巴巴負責淘寶網的孫彤宇，以及創立了小霸王、步步高的段永平）成為好友，後來也得到中國網際網路巨頭騰訊的加持。二〇一五年拼多多上線，二〇一八年七月在美國上市，市值逼近三百億美元。從上線到上市，拼多多只用了不到三年的時間，而京東用了十年的時間。黃峥本人只用了二十八個月的時間就創造了八百億元的身家，沒有一個八〇後的創業者如此成功。

更令人驚嘆的是，拼多多是從電商這個中國網際網路企業競爭最激烈的「紅海」市場中脫穎而出的。從一開始外來的易貝（eBay）和本土的淘寶網捉對廝殺到阿里巴巴系和騰訊系隔江對峙，從京東的崛起到順豐的奇襲，中國企業幾乎把這個市場上所有能耕種的土地都深耕三尺。為什麼拼多多還能奇蹟般地殺出重圍，而且後來居上，一鳴驚人？這是不是一個大衛戰勝巨人歌利亞的故事？

黃峥在浙江大學上學的時候就是個學霸，之後到美國威斯康辛大學麥迪遜分校求學，拿到電腦專業碩士學位後到谷歌工作，後來跟隨李開復回到中國創辦谷歌中國辦公室。黃峥在二〇一五年四月創辦了拼好貨。拼好貨最初的思路是做中國的好市多（Costco）。好市多是美國最大的連鎖會員制倉儲量販店，你在好市多能夠買到的貨物品種很少，但恰恰由於品種少、顧客每一次購買量大，所以能夠保證價格便宜、質量過硬。遺憾的是，拼好貨的嘗試並不成功。

過了五個月，拼多多正式上線，這是一個看起來和拼好貨很像，但基因完全不同的全新「物種」。

拼多多洗掉了拼好貨的海歸理想，更換一套徹頭徹尾的本土打法。著名財經媒體人吳曉波說：「拼多多的身上，流著騰訊的血，穿著阿里巴巴的鞋，揮舞著段永平式的斧頭，的確是一個如假包換的中國搏命少年。」在拼多多模式的背後，可以看到當年淘寶網甚至小霸王、步步高的市場行銷手法。簡單地說，拼多多就是讓消費者拼團購買，然後給更低的折扣。為了拼團，你要讓自己的親友幫你砍價，而幫你砍價的親友就要下載拼多多的App（手機軟體），關注拼多多的微信公眾號，並會不斷收到拼多多的促銷信息。這種推廣模式雖然粗暴，但很有效，拼多多的用戶數量很快就從千萬級上升到了億級。上市之前，拼多多的活躍用戶數量已經超過三億，幾乎超過了京東的活躍用戶數量，或是阿里巴巴中國零售平台活躍用戶數量的一半。

一般的商業法則是八〇／二〇定律，也就是說，百分之二十的用戶能夠創造出百分之八十的利潤，這百分之二十的用戶應該是收入最高、收入增長速度最快的。拼多多反其道行之，它逆練經脈，追求的是用百分之八十的用戶獲得市場上被人忽視的百分之二十的利潤。拼多多的用戶以中老年人居多。如果看三十歲以下的用戶，拼多多無法與其他電商比拚；如果看三十至三十九歲之間的用戶，拼多多可以和其他電商旗鼓相當；在四十至五十歲的用戶群裡，拼多多就占了上風；在五十歲以上的用戶群裡，拼多多具有絕對的優勢。這些用戶過去從未接觸過電商，他們往往收入水平較低，不在乎時間，不在乎品牌，只在乎價格。

黃崢說：住在北京五環以內的人不懂得拼多多。拼多多找到了一個被忽視的邊緣化群體，並投其所好。

到此為止，拼多多的故事跟前文所述是完全一致的。它的成功再次印證了一個真理：如果技術的性格和市場的性格能夠匹配，就一定會有巨大的商業成功機會。

但這並不是故事的全部。

稻田裡最令人頭疼的雜草是稗草。稗草的生命力頑強，它的種子可以在土壤裡存活幾十年，只要滿足萌發條件，就能破土而出。稗草在水田和旱田裡都能生長，適應性強，競爭性更強。稗草種類繁多，全球禾本科稗屬有五十餘種，在中國發現的稗草有八個種和六個變種。稗草會和水稻爭奪養分和生存空間，在生長過程中，稗草能夠分泌一種叫「丁布」的次生代謝產物，抑制水稻的生長。如果單打獨鬥，水稻是鬥不過稗草的。

狡猾的稗草躲在稻苗的中間。如果單從外表來看，稗草和水稻長得很像，尤其是在它們剛剛發芽的時候，幾乎難辨真偽。等稗草長大，會更容易看出它和水稻的區別，比如，秧苗在分蘖的地方有毛，而稗草是沒有的。稗草的葉子尖更長一些，長大之後葉子會分開，但到了這個時候，即使能夠甄別出稗草，它們也已經扎根很深，難以清除。

那麼，有沒有區分水稻和稗草的辦法呢？

農業科學家發現，傳統的辦法即靠肉眼甄別稗草和水稻的形狀差異效果不佳。能夠有效區分水稻和稗草的辦法是引入一種新的維度：生長速度。如今，測繪技術已經能夠搜集稻田裡每一株作物每天的生長速度。假如把時間數據整理出來，對比一下，我們就能清楚地看到，在生長初期，成長速度更快的一定是稗草而不是水稻。

中國的商業環境競爭極為殘酷，在中國的市場上，只有反覆運算速度最快的企業才能生存下來。這使得中國的企業家相信甚至迷信一個理念：天下武功，唯快不破。誰跑馬圈地的速度最快，誰就能站穩腳跟，並把競爭對手擠掉。二〇一八年，我們已經看到，這種套路不一定好用了。假如只是追求投資者的回報，那麼這樣的套路仍然可以炮製出像拼多多一樣的奇蹟，但如果我們看生態系統的可持續性，這種過分追求成長速度的商業模式已經成為中國市場上最大的惡性雜草。

拼多多並不是戰勝了巨人歌利亞的大衛，它只是一個跟在聯合收割機後面的拾麥穗者。拼多多無法為它的目標客戶賦能，相反，它更擅長的是「吸星大法」，它的訣竅是「吸能」。中低收入的消費者能夠持之以恆地購買商品嗎？消費是收入的函數，如果這個群體的收入沒有持續性地增長，靠敲骨吸髓式地榨取他們錢包裡的錢，只能是涸澤而漁。為這些中低收入者提供服務的廠商又是誰呢？假如拼多多肯自己播種，它應該扶植更多的供應商，跳過繁瑣的中間環節，直接為中低收入者提供質量可靠、價格便宜、沒有品牌的同質化產品，但是，遺憾的是，拼多多並不自己播種。拼多多依靠的依然是生產山寨產品的製造商。根據天風零售的一份報告，拼多多家電銷售排名前一百的商品中，涉嫌假冒品牌的產品共有三十九個，在總銷售額中占比為百分之五十七・八二，在銷售量中占比為百分之六十三・三七。同樣的現象也出現在母嬰、食品飲料、服裝等各類產品中。[6]

6〈天風零售：分析了100個家電SKU，拼多多真的是假貨天地嗎？〉，二〇一八年七月三十日，http://industry.caijing.com.cn/二〇一八0730/4493106.shtml。

拼多多的未來會是什麼樣呢？一種可能是，不出五年，拼多多就會像泡沫一樣破滅。理由很簡單：在正常的條件下，沒有一家企業可以持續地靠賣假貨紅火。另一種可能是，拼多多會重新編輯自己的基因，回歸到拼好貨的初衷，走一條更艱難但也更踏實的道路：自己耕耘，自己收穫。

稗草的生長速度比水稻更快，癌細胞的生長速度比正常細胞更快。速度為王的時代即將謝幕。一個企業的增長速度最快，並不意味著它最具成長性，相反，這可能意味著它是商業世界裡的雜草。

群眾路線

二〇一八年，中國進行了一場關於技術發展路徑的大討論。事情的起因是二〇一八年四月十六日美國商務部宣布對中國一家國有企業中興通訊實施制裁，禁止美國公司在七年內向中興通訊銷售零部件、商品、軟體和技術。事態最緊張的時候，中興通訊衛生間用的美標小便池都無法更換。中興通訊是中國最大的手機製造商之一，在全球的排名也在前十，這麼大一家企業，居然在美國的威脅下毫無還手之力。這突然提醒了中國人，原來中國在核心技術（如晶片）方面還非常落後。中國製造嚴重依賴國外技術，這該如何是好？

我們不妨把時鐘撥回二十世紀初。二十世紀初，汽車行業登上了歷史舞台。汽車最早是由歐洲人（主要是德國人）發明的，但汽車是在美國興起的。美國最重要的汽車製造企業是福特。假如你是亨利・福特，你應該如何選擇技術發展路徑？

一種策略是爭取自力更生，把所有的核心技術都掌握在自己的手裡。那麼，什麼是核心技術呢？如果說發動機是核心技術，那麼煉鋼算不算核心技術呢？勘查鐵礦又算不算核心技術呢？如果你想把所有的核心技術都掌握在自己手裡，最後的結果就是垂直一體化或者縱向一體化，也就是說，從原材料到最終產品，從研發到市場行銷，全都要自己做。底特律美術館中庭展示的墨西哥著名藝術家迪亞哥・里維拉（Diego Rivera, 1886-1957）的巨幅壁畫〈底特律的工業〉（Detroit Industry Murals, 1933），描述的就是福特汽車公司當年從礦山開採到汽車出廠的過程。

在當時的條件下，沒有網際網路，沒有全球分工，採用垂直一體化的生產方式或許自有其道理，但是我們不能誤讀歷史的經驗。事實上，促使福特汽車真正崛起、促使美國成為「車輪上國家」的革命性創新並不是發動機這樣的核心技術，而是流水線這樣的應用技術。[7]

---

7 大衛・E.・奈（David E. Nye）著，史雷譯，《百年流水線：一部工業技術進步史》（*America's Assembly Line*）（北京：機械工業，二〇一七）。

汽車的引爆點就是流水線。工業流水線大約誕生於一九一三年，很快就風靡全球，成為工業化大規模生產的代名詞。工業流水線最早出現於美國的汽車行業，是因為汽車生產需要大量的零部件。亨利·福特生產的第一批T型車就有大約一千個零部件。隨著大量的訂單如雪片般飛來，福特汽車急需找到一種更有效的生產方式。一開始是人跟著車走，技術嫻熟的裝配工人把工具和零部件放在固定的位置，按照生產流程，到了固定的工序就把放在那個位置上的零部件迅速裝配起來。後來，工人們發現，與其讓人跟著汽車零部件走，不如把人固定下來，讓汽車零部件移動。於是，工人們把汽車底盤放在一個裝有萬向輪的木質平台上，然後在不同的工作區內滾動。這種做法效果很好，很快就被管理者發現了。於是，福特汽車的管理者把流水線上的所有工序細分為時間均等的若干工作，他們還給每個機械檢修工裝備了自行車。

如果我們再往深層次看，就會發現，流水線之所以在美國興起，是因為美國特有的市場性格和流水線這一技術的性格恰好匹配。換一個角度來說，在當時，流水線只會出現在美國，不會出現在比美國技術水平更為先進的歐洲。

為什麼美國能夠出現流水線呢？這與美國的市場性格有關。美國人愛吃速食，不太追求美食。整個美國只有一兩種口味的啤酒，只有幾家連鎖超市。美國人寧肯犧牲對品質的要求也要追求速度。美國在空間上呈現出標準化布局。美國很早就習慣了把遼闊的土地劃分成網格，然後用公路、鐵路和運河把各個網格連接起來。美國迅速擁有了一個非常大的國內市場，而且國內的人口流動非常方便，汽車在美國是必需品。貧困的農民哪怕沒有錢買新衣服也要先買一輛車。正是由於美國人更強調效率，有大面積的國土，已經習慣了標準化產品，甚至習慣了標準化的生活方式，所以美國人對廉價汽車有大量需求。大量的訂單推動福特汽車大規模採用流水線式的生產方式。

歐洲為什麼做不到這些呢？歐洲的地形複雜，有山有水，沒有大塊的平原，相對於美國的汽車市場來說，歐洲的消費者面臨的是更狹窄崎嶇的道路，城市與城市之間的距離更短，公共交通系統更發達，所以，並不是每個歐洲家庭都想買車。歐洲國家的社會等級更為分明，買車的都是富裕階層，所以他們沒有興趣買便宜的車，這就決定了歐洲的汽車企業訂單較少。相比美國的規模化和標準化，歐洲更強調個性化和精細化，所以，像流水線這樣的生產方式是只能在美國興起，不可能出現在歐洲的。

總結一下：促使美國成為工業大國的革命性技術創新並不是發動機這樣的核心技術，而是流水線這一應用技術；美國之所以出現流水線，是因為這種技術的性格恰好與美國的市場性格匹配。

那麼，我們能夠從工業革命時期的這段歷史得到什麼啟示呢？我們會發現：能夠最大限度地推動中國經濟崛起的並不是核心技術，而是應用技術；中國在選擇應用技術的時候，應該尋找與自己的市場性格最為匹配的技術。

在新疆調研的一天晚上，我和極飛的朋友一起去吃烤肉串、喝烏蘇啤酒。我無意中提起「三個代表」，賈斯廷聚精會神地聽著，突然掏出一個小本子記下來。就在酒酣耳熱之間，我想明白了一個道理：在工業革命時期，美國的成功經驗是找到了流水線；在信息化時代，中國經濟要想最終勝出，要靠「群眾路線」。

如果說流水線是用效率更高的方式把福特汽車的零部件組裝起來，那麼「群眾路線」要做的就是盡可能地發動群眾、組織群眾，把更多的合作夥伴用效率更高的方式組織起來。

中國革命的歷史經驗告訴我們：凡是當我們發揚了「群眾路線」精神的時候，總是戰無不勝的；凡是當我們忘記了「群眾路線」的時候，總是會遇到各種挫折。中國經濟的發展也將遵循同樣的歷史規律。

傳統的商業理論認為，一家企業必須關注自己的護城河，只有河深牆高，才能抵禦外敵入侵。這樣的思路已經完全過時。假如你的敵人並非來自地面，而是來自天上，比如，來自無人機作戰編隊，你又該如何防守呢？

最好的防守不是防守，也不是進攻，而是改變作戰規則。假如你不再把所有的士兵都聚集在城牆的後面，而是將他們化整為零，偽裝成平民，深入敵後，發動群眾，那又會怎麼樣呢？

為什麼「群眾路線」才是最適合中國的技術演進路徑呢？我們還要先回顧一下中國技術創新的歷程。

曾鳴教授在《龍行天下》一書中寫道：「在中國這樣的市場上，消費者最關注的就是價格，產品的性能和質量並非是競爭勝出的最重要因素。這是跨國公司完全不熟悉的市場，它們無法習慣在這樣的氛圍內生存，中國企業卻如魚得水……殘酷的價格戰迫使中國企業把有限的資源優勢發揮到極致，把成本做到了別人想像不到的程度。」

曾鳴和威廉姆斯把中國企業的創新稱為「窮人的創新」。

他們總結出三種「窮人的創新」。

一是整合創新，即通過整合現有的技術，在設計上更貼近用戶需求，先從一點實現突破，再用模組化的方式做大規模定制，把原本細分的市場連接起來，一網打盡。比如海爾進軍美國市場的時候，先從別人都不做的酒櫃入手，把一個原本是高端用戶才問津的小小的細分市場拓展成了大眾都可以嘗試的大市場。

二是流程創新，即通過把廉價勞動力和流水線整合起來，用靈活、低成本的「半自動化」戰勝全自動化。比如，同樣是生產鋰電池，日本企業的一條生產線雇用兩百名工人，花費一億美元投資，比亞迪則雇用了兩千名工人，只花費五千萬元進行設備投資。

三是顛覆性創新，即所謂的「蛙跳優勢」或「後發優勢」。比如當2G（第二代移動通信技術）升級為3G（第三代移動通信技術）的時候，西門子、愛立信等跨國公司首先考慮的是如何更好地利用自己已有的產品，而華為在2G市場上本來就沒有市場份額，所以才能輕裝上陣，在全球第一個實現了軟交換的3G項目。[8]

那以後我們還會繼續做「窮人的創新」嗎？我想是會的。創新也有慣性，我們的企業很可能會把自己最擅長的事情做到極致，但是也要看到，單靠降低成本的「窮人的創新」引領中國的未來發展是遠遠不夠的。那麼，未來中國的創新會出現在哪裡呢？

中國至少有兩個獨特的優勢。

第一個優勢可以稱為「工程師紅利」。是的，中國的非熟練勞動力的工資已經越來越高，很多勞動力密集型企業紛紛搬到越南、孟加拉等勞動力更便宜的地方去了，但我們還有大量廉價、優質的工程師。一九九七至一九九八年，中國遭遇了東亞金融危機，為了應對經濟危機帶來的就業壓力，中國開始了大學擴招。儘管這場大學擴招被一部分學者認為稍顯混亂，蘿蔔快了不洗泥，大學教育的質量並沒有跟上，但好處在於，從數量上看，中國培養了大批理工科人才，而且是被嚴重低估的理工科人才。

二十世紀八〇年代一度有「搞原子彈的不如賣茶葉蛋的」之類的言論，腦力勞動者和體力勞動者的收入倒掛。二十年後，博士的工資又比不上保母的工資了。與美國和其他國家不一樣，在中國的技能和教育的競賽中，教育難能可貴地跑贏了技能，這是中國獨有的「工程師紅利」。

第二個優勢是中國具有巨大的「市場紅利」。有很多先進的技術，最終只能落地到中國，因為只有中國才有足夠大的市場，只有中國才能夠讓這些新技術商業化。高鐵就是一個很好的例子。一九六四年開通的日本新幹線系統是世界上最早進行旅客運輸的高鐵系統，法國與德國等國家也早就研發了自己國家的高鐵技術，但由於最大的市場在中國，高鐵技術只能來到中國。最後，中國的高鐵技術也就能很快實現趕超。現在，我們不僅自己修了最多的高鐵，而且還想到發達國家幫人家修高鐵。這是一個非常成功的範例。按照相同的邏輯，你可以猜一猜有哪些技術最後一定會到中國來。我們閉上眼睛都能猜到，未來治理空氣霧霾的最先進技術一定在中國，老年產品的生產也一定會聚集在中國。這個世界上沒有一個國家像中國這樣以如此快的速度進入一個規模如此龐大的老齡化社會，如果沒有技術創新，我們這一代人的養老問題該怎麼解決？我個人的猜想是，我們這一代人很可能是第一批養老機器人的試用者。

很多中國企業已經找到了利用「工程師紅利」和「市場紅利」的最佳技術創新路徑。利

8 曾鳴、彼得・J・威廉姆斯（Peter J. Williams），《龍行天下：中國製造未來十年新格局》（北京：機械工業，二〇〇八）。

用「工程師紅利」的最佳方式是「勞動力密集型的研究與開發」。由於中國的研發人員更多，所以中國的技術研發能更快地「試錯」，更快地「反覆運算」，更快地進化。很多技術創新並不是靠天才人物靈光一現想出來的，而是無數技術人員在日常工作中逐漸摸索出來的。利用「市場紅利」的最佳方式是「市場引致型的研究與開發」。恩格斯說：「社會一旦有技術上的需要，這種需要就會比十所大學更能把科學推向前進。」[9]考慮到中國的社會需求更為強大，而大學還有很大的進步空間，我們可以把恩格斯的這句話再改一下：中國的社會需要對技術進步的推動作用要超過一百所大學。

「群眾路線」是一種整合了「工程師紅利」和「市場紅利」，專注於應用技術的快速應用，再從應用技術反作用於核心技術，用強大的市場力量誘使核心技術與自己一起演進的戰略。這種戰略更強調應用技術，而非核心技術，因此，人們可能會質疑：這樣的戰略能成功嗎？

我們可以把技術的演進想像成蓋樓。基礎技術就是打在地下的樁子，應用技術就是地面上一層層蓋起來的樓房。與蓋樓不一樣的是，在技術的演進過程中，應用技術會影響到核心技術的變化。隨著市場需求的變化，應用技術也會發生變化。應用技術變化了，核心技術也要隨之更新。我們蓋起來的是一座具有魔幻色彩的大樓：它會不斷變動、反覆調整、逆向生長、四處擴張。這座大樓的結構一定與我們熟知的火柴盒式的樓房不一樣，等它蓋好了，我們會大吃一驚。

二〇〇四年秋，中央電視台的新樓在北京東三環開工。等到這棟樓蓋完了，人們才發現，這是一種我們從未見過的建築結構。中央電視台總部大樓的兩座塔樓雙向內傾斜六度，在一百六十三米以上的高度由L形懸臂連接起來。這個巨型的懸臂看起來像一座橋，只是世界上從未有過這樣的橋：這座橋的上面有整整十一層樓，還有七十五米的懸臂，沒有任何支撐。

就像埃菲爾鐵塔剛剛出現在巴黎一樣，很多人對橫空出世的中央電視台大樓很不喜歡。它太招搖、太新奇了。在人們慢慢習慣了之後，才會發現，這恰恰是只能在當時的中國才會出現的創新。

新技術革命的地基已經打好，地面的樓層剛剛冒芽。新技術革命的大樓到底長什麼樣子，無人知曉。等它蓋好了，我們可能會大吃一驚。

---

9 中共中央馬克思恩格斯列寧斯大林著作編譯局譯，《馬克思恩格斯全集》卷四（北京：人民，一九七二）。

看點02

混搭

除了極少數石破天驚的突破性技術外，
大部分技術都是一種「混搭」，
也就是說，它們把已經存在的技術用一種別人未曾想到的方式重新搭建起來。

尋找邊緣

在少有人注意的邊緣地帶、交叉地帶往往更容易找到新技術的應用場景。

「工程師紅利」和「市場紅利」

中國已經不再具備廉價勞動力優勢，
但仍然擁有大量的工程師資源，
適於開展「勞動力密集型的研究與開發」；
中國同時具有巨大的國內市場，
適於開展「市場引致型的研究與開發」。

「群眾路線」

「群眾路線」是一種整合了「工程師紅利」和「市場紅利」，專注於應用技術的快速應用，再從應用技術反作用於核心技術，用的市場力量誘使核心技術與自己一起演進的戰略。

匹配

每一種技術都有自己的性格，每一個市場也都有自己的性格。當技術和市場投緣時，才能擦出火花。

賦能

在無人地帶，新技術能夠充分發揮自己的先行優勢，掌握更多的信息，為更多的普通人賦能，並進一步創造出新的需求，直至重建一個更生機勃勃的生態系統。

第二章　老兵不死

二〇一八年，誰是新興產業，誰是傳統產業？哪個更勝一籌？在過去幾年，網際網路大軍就好像當年來自中亞大草原的游牧民族，兵強馬壯、來去如風。在網際網路大軍的攻勢下，傳統產業的護城河形同虛設。到了二〇一八年，這股「唯快不破」，精於「降維打擊」的大軍，卻在一座城堡前久攻不下。這就是工業化的代表——已經有上百年歷史的汽車行業。二〇一八年，我發現的第三個變量是：老兵不死。我要帶你到傳統製造業的腹地，看看他們如何抵禦網際網路行業的迅猛攻勢。在這裡，你會看到，傳統產業的老兵早已經悄悄穿上了新的軍裝，而新興的產業正在積極地向傳統產業學習。新興產業和傳統產業的邊界，也許並沒有你想像的那般涇渭分明。

跟汽車說話的人

燒烤店坐落在一條小街上，距離長春市那家在共和國歷史上最具分量的汽車製造廠總部不遠。街道兩邊都是居民樓，一家燒烤店連著一家燒烤店。路邊停滿了汽車，各種牌子都有，但沒有一輛是紅旗轎車。晚上七點，燒烤店已經熱鬧了起來，啤酒和烤肉的味道在空氣中瀰漫著。男人們光著膀子抽菸喝酒，大聲說笑。女人們也一樣，熱鬧、彪悍，二人轉式的幽默不絕於耳，滿是對外界不以為然的嘲諷和自信。東北經濟陷落的現實沒有在他們身上留下太多痕跡。他們豪爽地開著玩笑：東北還是東北，只不過，東北的重工業改成了燒烤，輕工業改成了直播。

W今年三十六歲，已經是一位資深的汽車工程師。他個子不高，下班後直接來到燒烤店，仍穿著工作服：白色短袖襯衣，胸前繡著汽車廠的標誌。

因為要接受我們的訪談，他比平時早下班了三四個小時。他說平時十點多下班都是早的，最近工作特別忙，特別緊張。

我半開玩笑地問他：「在國企上班不都很輕鬆嗎，怎麼會這麼忙？搞得跟創業公司似的。」

他霎時間變了臉色，直直地看著我，也不落座，用很響的聲音說：「這就是你對我們的偏見。我今天要跟你說很多東西，要跟你很嚴肅地說這些東西，我是很認真的，這是我這麼多年的總結和反思。這些東西對你而言，將是顛覆性的。」

W是重度造車痴迷者、「共和國汽車長子」的精神信仰者。他的爺爺、父親都是司機，他說自己幾乎就是在汽車裡長大的，「我開車就是在和車對話。」有一次，單位給他打電話，說是台架上的發動機壞了，檢查了好幾遍都沒檢查出什麼毛病，就是打不著火。他來到試驗室，拍著那台發動機，就像對著自己的孩子一樣，說：「怎麼了？哪裡不舒服啊？是不是又鬧情緒了？好啦，好啦，別鬧了！」發動機居然就真的動起來了。

整個晚上，W一根烤串都沒碰，也不喝酒。他只是不停地說，不停地糾正外界的偏見和誤解。

在W看來，太陽底下無新鮮事，現在這股電動汽車概念的熱潮都是炒作出來的，新能源汽車只是汽車行業發展到現在必然要走的一步而已，況且這種所謂的新能源汽車並不新，很多技術都能追溯到十九世紀。他對特斯拉非常不屑，認為馬斯克做電動汽車完全是外行人做內行的事。他對新興汽車企業的評價是：一幫人拿著PPT（演示文稿）到處忽悠，什麼智慧駕駛、車聯網，全是包裝出來的。在他看來，這些全新包裝的概念僅僅是為了追逐短期利益，一些新能源汽車在測試的時候沒那麼專業，產品、器件沒有經過像傳統汽車那樣足夠多的測試。

電動汽車的通病是不能滿足極端條件下的使用需求。他舉了一個例子：「如果你在東北買一輛電動汽車，可能一年中會有半年的時間開不了。你問為什麼？這就跟蘋果手機在低溫時會突然自動關機是一樣的，氣溫太低電池就沒法兒用啊。東北從每年十月分到來年四月分都是天寒地凍，最低氣溫在零下三十度攝氏以下。在東北這樣的地方，電動汽車在冬天幾乎是沒辦法開的。」

新興汽車企業為了滿足汽車的某些性能，製造的產品有一定偏頗，無法達到完美的平衡。比如，馬斯克在造特斯拉的時候，為了提升汽車的最高時速，用了太大功率的電動機，導致產品冗餘性太高。

「他有孩子嗎？他能容忍自己的孩子有先天不足嗎？對這種事我完全不能忍受。」W皺著眉頭說。

W堅信，如果沒有傳統造車技術和流程控制的積累，絕不可能造出合格的電動汽車。汽車行業凝聚了一批菁英，它可能是除軍工系統之外最為強大的工業系統。汽車是集成度最高的民用產品，內部構造非常複雜，大量的器件必須緊密、精準地連動，互相配合，任何一個小的器件出現問題都會「牽一髮而動全身」。正是由於這種複雜性，對於汽車行業來說，真正的核心技術和價值在於整個製造流程和製造體系。W說，他印象最深刻的是豐田產品的研發原則：當技術和流程有衝突的時候，寧可捨棄技術，也要保住流程。

這也是為什麼，他在吉利汽車已經做出了一款電動汽車以後，還是願意回到長春，回到這個他心中的榮耀之地，回歸最基礎、最關鍵的製造流程。在W的執念中，似乎只有在這樣的地方，才能熟悉整個汽車製造的流程體系。

造車是W的使命，也是他的夢想。「造出一輛牛氣的汽車，尤其是一輛油電混動汽車，是我賭上自己的命運也要做的事。」

訪談結束後，他執意要送我們回酒店，用他平時上下班總開的那輛他們企業自主研發但並未推向市場的油電混動汽車。

路上，他問我：「乘坐感覺怎麼樣？」

我認真感受：「真的和我坐過的新能源汽車沒什麼區別，很舒服，幾乎聽不到聲音。」

他開心了，說：「是吧？這是三四年前下線的。我們的車可以吧？」然後開始給我講這台車的動力原理、性能指標等。

我問：「為什麼三四年前不推向市場呢？」

他嘆了口氣，拍了下方向盤，說：「這就是無奈的地方啊！」

完美曲線

在一個所有人都讚美創新的年代，讓我們先向傳統致敬。

創新沒有止境，但傳統定義了創新的底線。

如果你要賣車，你會向用戶介紹自己的車最出彩的地方，比如功率有多大、百公里油耗有多省；如果你賣的是電動車，你會介紹電池續航里程；買車的人一般會問車裡的空間大不大、安全不安全，年輕人則會特別注意駕駛座旁邊的面板，看看有沒有炫酷的顯示屏。

汽車工程師眼裡的汽車又是什麼樣呢？

他們會執著地關注汽車的三個動力性能衡量指標：直線最高車速、百公里加速時間、最大爬坡度。汽車的最大功率決定最高車速，扭矩決定加速時間，扭矩就是輪胎能作用到地面上的轉動力量的大小；牽引力決定最大爬坡度，而牽引力與發動機的扭矩和傳動比有關係。

這三個指標衡量的是一輛車的動力性能，動力性能是汽車的核心。但是，這三個指標之間有時是相互矛盾的。比如，加速時間短，傳動比做得大，最高車速就不容易上去。這是由發動機和傳動原理決定的。萬物皆如此。你不可能在一艘軍艦上裝最大的炮台、最厚的裝甲，同時還要求它航行速度最快。你也不可能讓一個運動員以百米衝刺的速度跑馬拉松，同時還要跨欄。

汽車工程師看到這些指標時，頭腦中能夠想到的就是一條條曲線。這些曲線都很像拋物線，先升後降。這些曲線時刻提醒著工程師：剛則易折，過猶不及。工程師們尋找的是這些曲線相交的地方，那就是平衡點。上百年的汽車行業就是在不斷地摸索和尋求這個完美的平衡點，其間積累的大量經驗至今依然值得重視。

找到平衡點固然很重要，但這遠不是汽車工程師面臨的所有難題。雖然動力性能最關鍵，但它只能代表一輛車的一部分。擁有一顆好心臟的人不一定就是好的百米賽跑運動員。一名好的百米賽跑運動員同時還需要整個身體機能的高效反應。反映到一輛汽車上，就是需要好的車身、底盤與電氣系統。百米賽跑運動員的最終傳動工具是兩隻腳，反映在一輛汽車上就是四個輪子。所以，與汽車的動力性能密切相關的除了發動機的扭矩和馬力、傳動系統的效率之外，還有整車重量、輪胎的抓地性等因素。

即使考慮到了所有的這些因素，也還是不夠。對於汽車工程師來說，一個產品專案最重要的衡量指標有三個：質量、成本、週期。

質量主要是指用戶體驗到的汽車質量，包括汽車的感知質量、性能指標、使用可靠性，以及安全性等。

成本要考慮以下兩方面。一是企業成本，工程師研發的產品必須保證企業盈利最大化，目標使用者群體能夠接受。不計成本地設計出一款性能出眾的車很容易，但設計出年產四十萬輛以上的車才是綜合實力的體現。二是用戶的使用成本，要保證最終落實到每一公里和每一天的用戶使用成本相對較低，在整輛車的生命全週期內實現性價比最優化。

週期主要是指一輛車從方案論證到投放的生產週期。週期不能太長，太長就不能及時滿足市場需求，但也不能太短。春季測試、秋季測試、疲勞測試、安全測試……總是要接受一遍一遍檢驗的。一輛車從設計、開發、生產、測試到最終上市，每一個環節都需要考慮時間週期，如果前一個環節影響了下一個環節的週期，就會對企業的經營造成難以預估的影響。

世界上沒有完美的汽車，只有矛盾的組合：馬力大了不經濟，經濟了又可能不舒適。所以，一輛賣得好的車，就是一台多重矛盾被工程師完美平衡的機器。

這就是工業的傳統。傳統教我們的是如何平衡、妥協和取捨，並保持謙卑與敬畏。

新造車運動

如果新造車運動的先鋒們多一些對工業傳統的敬畏，或許他們就不會陷入困境。

這場新造車運動從二〇一四年特斯拉進入中國開始，隨著工信部向民間資本放開電動車生產資質而升溫，至二〇一七年已經沸騰，到了二〇一八年則光環褪去，苦苦支撐。

二〇一七年年底是新造車運動最為喧囂的時候，幾乎每天都有造車新軍的消息。這些新車有的來自網際網路企業，有的來自風險投資領域；因生產電池而造電動車者有之，因生產監控攝像頭而進入者有之。格力電器的董明珠不顧股東的勸阻，一意孤行要造車，曾經和董明珠立下「十億賭約」的網際網路新一代掌門人雷軍也要造車。

二〇一七年新造車運動的旗手是樂視控股集團創始人賈躍亭。在二〇一七年年初的CES（國際消費類電子產品展覽會）上，賈躍亭用蹩腳的英文向外界展示了他旗下企業「法拉第未來」的第一款準量產車型FF91。他宣布，要打造零排放的電動汽車以及一套完整的汽車網際網路生態系統，從產品到整體模式都將顛覆傳統汽車行業。話音剛落，賈躍亭的商業帝國出現資金鏈斷裂危機。二〇一七年七月六日，賈躍亭宣布辭去樂視網董事長職位，並在辭職公告發出前兩天，就已經搭上了前往美國的飛機，留下了樂視的爛攤子。雖然頻繁被監管部門點名要求回國履責，但他至今仍未回國。

在賈躍亭倒下的地方，李斌站了起來。李斌是蔚來汽車的創始人。他選擇為自己的電動汽車ES8開發布會的地方，就是當年賈躍亭發布LeSEE品牌首款概念車的五棵松體育館。這場發布會燒了蔚來汽車八千萬元人民幣。這既是一場令人目眩神迷的表演，又是一場讓人望穿秋水的等待。據說，讓李斌下決心造電動汽車的是北京的霧霾。很多人覺得，這場霧霾在短期內很難散去。到了二〇一八年，由於空氣好轉，空氣淨化器的銷量已經出現斷崖式下跌，可是，號稱要快速量產的電動汽車卻姍姍來遲。第一個宣布推出量產車的居然是仍在美國的賈躍亭曾經展示過的FF91。直到二〇一八年六月二十八日，距離蔚來汽車在美國上市只剩下兩個半月時間，ES8的首批外部用車才終於交付。

鋒頭最勁的電動車除了蔚來汽車的ES8，還有奇點汽車的奇點iS6預覽版、小鵬汽車1.0

版（IDENTYX）、威馬EX5、車和家已經夭折的SEV和即將推出的一款對標特斯拉Model X的SUV（運動型實用汽車）。此外，參與新造車運動的還有：國能新能源、雲度新能源、重慶金康新能源、遊俠汽車、電咖汽車、正道汽車、裕路汽車、前途汽車、斯威汽車、漢能汽車、敏安汽車、國金汽車、愛馳億維、拜騰、零跑科技、知豆、河南速達、浙江合眾、陸地方舟等。

參與這場新造車運動的弄潮兒大多有一個共同的背景：他們很多都來自網際網路行業。蔚來汽車創始人李斌、小鵬汽車創始人何小鵬與奇點汽車創始人沈海寅均為網際網路行業從業者，他們背後有強大的網際網路人月台，阿里巴巴、騰訊、百度的身影顯現其中。

這股網際網路大軍就好像當年來自中亞大草原的游牧民族，兵強馬壯、來去如風，讓人聞風喪膽。他們在談笑之間戰勝了傳統的批發零售行業，不動聲色地擊破了壟斷的計程車行業，長驅直入殺進水草豐美的金融行業，返程的時候順手滅掉了已經沒落的新聞出版行業。在網際網路大軍的攻勢下，傳統行業的護城河形同虛設。網際網路大軍擅長「唯快不破」，精於「降維打擊」，但為什麼攻不下汽車行業的城堡呢？

網際網路行業的利器，一是資料，二是技術，三是資本。在網際網路行業深入傳統行業的腹地之後，就會逐漸意識到，它們的這些武器是有局限性的。

網際網路行業善於應用大數據，但傳統產業的優勢是小數據。大數據是關於我們每個人日常生活的資料，比如我們的人臉特徵、購物清單、移動軌跡、健康資料等。網際網路公司能夠利用這些大數據精準地給消費者畫像，提供定制化服務，甚至針對每個消費者實施不同的定價，讓你把口袋裡的最後一分錢都心甘情願、不知不覺地交出來。[1] 比如，有時我用一個知名打車軟體叫車，同樣的路程、同樣的時間，車費總是比家人和同事的貴一些。這個打車軟體的大數據對我的精準畫像是：這是一個對價格極其不敏感的傻帽兒。

小數據是跟某個具體客戶的深度體驗、某個具體生產環節中的微妙變化有關的資料。這些資料更不容易拿到，大多數仍停留在消費者的心裡和生產車間的流水線上，少數能夠為製造商所掌握。小數據的領域就不是網際網路企業的作戰主場了。騎兵擅長平地作戰，但拙於山地游擊，更難在巷戰中占到便宜。小數據正是傳統產業的主場。

還是回到造車這件事情上來吧。網際網路企業掌握的大數據是地圖資料，這對汽車的自動駕駛、智慧駕駛技術的發展都很有幫助。製造業企業積累的資料庫則是在安全性能、製造工藝、製造流程等方面。容易被新興汽車企業忽視的一件事情是：這種資料庫積累下來的優

---

1 阿里爾・扎拉奇（Ariel Ezrachi）、莫里斯・E.・斯圖克（Maurice E. Stucke）著，余瀟譯，《演算法的陷阱：超級平台、演算法壟斷與場景欺騙》（*Virtual Competition: The Promise and Perils of the Algorithm-driven Economy*）（北京：中信，二〇一八）。

勢是不可能被迅速趕超的。新興汽車行業當然可以把傳統汽車行業裡最好的工程師挖過來，但這些人能帶走的只是他們自己積累的經驗，而這些經驗不過是汪洋中的一滴水。

騰勢汽車是中國最早一批出現的新能源汽車品牌之一，成立於二〇一〇年。騰勢是由比亞迪和德國戴姆勒聯手成立的汽車品牌。騰勢的CEO嚴琛告訴我，騰勢汽車在製造過程中，遇到諸如車體設計這樣的核心設計，會找德國的設計師來做，不是因為德國的設計師個人水平高，而是只有他們才有戴姆勒的資料庫使用權限。戴姆勒的資料庫是數十年經驗的積累，這些經驗是從無數次失敗中摸索出來的。嚴琛去過寶馬的工廠，發現他們幾乎每天都在進行各種撞擊實驗，從各個方向撞擊，形成的資料都會錄入資料庫。

網際網路行業精通面向消費者的技術，但疏於生產流程、生產工藝的技術。李斌認為，蔚來汽車和特斯拉的不同之處在於，蔚來汽車追求的是「技術變革帶來的情感體驗的提升」。他說：「這很難說清楚，像喝酒一樣，感覺對了。」但是，這真的跟喝酒不一樣。汽車的複雜程度遠遠超出這些「入侵者」的想像。強悍如蘋果公司，最終也只能忍痛砍掉AppleCar計畫。不得已，很多新能源汽車企業只能和傳統的汽車企業合作，讓傳統汽車企業為它們代工。蔚來汽車和江淮汽車合作，小鵬汽車和海馬汽車合作，都是這個思路。可是，你不可能把孩子永遠放在別人家寄養。同樣，你也不可能永遠讓別人代工。問題在於，網際網路企業一旦開始自建工廠，就會從輕資產模式轉變為重資產模式，優勢會變成劣勢。游牧民族轉行種地，能比農民種得好嗎？

網際網路企業吸金的能力令人驚嘆。蔚來汽車和威馬汽車的融資規模已經超過百億元，奇點汽車也自稱累計融資金額達一百七十億元。車和家累計融資超過五十五億元，小鵬汽車融資超過五十億元，愛馳汽車融資超過七十億元，遊俠汽車融資達六十二・二億元。來自阿里巴巴、騰訊和百度的投資還在源源不斷地趕來。但是，就像蔚來汽車創始人李斌所說，知道汽車行業燒錢，但沒想到這麼燒錢。新造車運動主要依靠市場融資，希望憑藉充足的彈藥迅速撕開傳統汽車企業的防守線，但成熟的傳統汽車企業都有著極其嚴格的成本控制手段，新興汽車企業很難在成本戰中取勝。

這種靠資本堆出來的商業模式存在巨大的風險。一旦市場並不認可不成熟的早期產品，銷路打不開，則經銷商斷網，供應商斷貨，這些問題反過來會影響融資，對於新公司而言是致命的。資本是一種易燃物質，點著很容易，控制火勢很難。一旦失控，熊熊烈火就會反撲。無數先例告訴我們，想單靠資本占領市場，無異於火中取栗。有很多事情，真的不是錢多就能辦成的。

一輛新車，從籌備到最終投放市場，原來是需要七至八年，後來變成五至六年，現在變成只需要二至三年，快的話十八個月就可以搞定。這是電動汽車帶給傳統汽車的巨大衝擊。造車的週期大大縮短了，可是有很多問題會被掩蓋。這是一場巨大的賭博。是贏是輸，很快就會水落石出。不出三年，百分之九十的造車新勢力會出局。留下來的也會經歷從頭到腳的改造。

二〇一八年，兵臨城下。城上的守軍和城下的進攻者都在反思。為什麼進攻者會如此快？為什麼守城的部隊如此頑強？為什麼別人的機制這麼靈活？為什麼人家的系統如此嚴密？汽車行業是工業化的代表，是傳統產業最堅固的陣地，新興產業和傳統產業之間的攻守之勢，可能就要在這座城下逆轉。

我們再來總結一下。國際政治理論中有一個「進攻型武器和防守型武器假說」：有些武器是進攻型武器，比如長矛、騎兵和大砲；有些武器是防守型武器，比如盾牌、城堡和戰壕。有的時候，進攻型武器會占上風，這時戰爭就會更加頻繁，舊秩序很容易被摧毀；有的時候，防守型武器會占上風，這時入侵者就很難得手。我把這種思路稱為「矛和盾的軍備競賽」：當世界上最鋒利的矛能戳破世界上最堅硬的盾時，勝利是屬於進攻者的；當世界上最堅硬的盾能夠抵擋住世界上最鋒利的矛時，勝利是屬於防守者的。在判斷大勢的時候，你必須知道自己擅長的是進攻型武器，還是防守型武器，你還要知道如今占上風的是進攻型武器，還是防守型武器。[2]時移勢易，對大勢的準確判斷是做出正確決策的前提條件。借用這個理論，我們就能明白，網際網路行業是進攻型的，傳統製造業以及傳統的服務業是防守型的。過去幾年，進攻型的網際網路行業占盡上風；而如今，攻守之勢異也，傳統產業的抵抗力更加頑強。

二〇一八年，我們突然發現，新興產業的戰鬥力可能被我們高估了，而傳統產業可能被我們低估了。老兵不死，他們只是穿上了新的軍裝，改變了作戰方式，他們正在悄悄地積蓄力量，很可能會從人們沒有注意到的地方絕地反擊。

這些老兵，到底埋伏在什麼地方呢？

海爾的老兵

張天鵬哈哈大笑：「我就是你們要找的老兵啊。」他又撓撓頭，說：「我也是個新兵。」

張天鵬在海爾工作了十八年。他是福建人，二〇〇一年從武漢科技大學畢業之後就進了海爾。這是他的第一份工作。

為什麼要進海爾呢？

---

2 喬治・奎斯特（George Quester）在一九七七年分析了國際體系中的進攻與防禦，羅伯特・傑維斯（Robert Jervis）在一九七八年首先提出「攻防對比」這一理論概念，參見George Quester, *Offense and Defense in the International System*, New York: John Willey and Sons, 1977；Robert Jervis, "Cooperation under the Security Dilemma," *World Politics* 30:2 (1978): 167-214；徐進，〈進攻崇拜：一個理論神話的破滅〉，《世界經濟與政治》二期（二〇一〇）。

「因為海爾很牛啊，張首席是我的偶像。」

雖然張天鵬進的是研發部，但在海爾的第一年，他是從生產一線幹起的。海爾要求無論哪個崗位的員工都要從一線幹起。張天鵬對第一年工作印象最深的就是焊接。家用酒櫃和冰櫃的壓縮機、冷凝器的管路細得好像毛細血管，很難燒。只有熟悉了一線生產操作，才能更深入地了解到底哪裡的設計不合理。

「我當時就覺得海爾相當厲害。我負責的酒櫃和冰箱主要用於出口。尤其是小酒櫃，海爾一九九九年開始做，全部都用於出口。我們的酒櫃二〇〇一年登上了美國一個雜誌的封面。當時我剛進廠不久，看著流水線上一台台整齊的小酒櫃，覺得這才是小康生活應該有的配置。」

張天鵬所在的研發部主要負責產品反覆運算。他經常會把一台冰箱的一百三十個零部件擺出來，然後看歐洲市場需要改哪個、非洲市場需要改哪個、東南亞市場需要改哪個、印度市場需要改哪個。不同市場對產品的需求是不一樣的。比如，奈及利亞經常停電，氣溫較高，需要通電之後迅速製冷，這對壓縮機和電壓提出了特殊的要求，那就要改造。

「那時我的團隊只有兩三個人，整個項目組也就四五個人，而且是由不同部門的人臨時組成的。海爾就是這個風格，非常注重反覆運算，也沒有那麼多層層上報的繁文縟節。」

海爾更重視的不僅僅是技術，而是用戶的感受。「真誠到永遠」是海爾最初的口號，就是給用戶超出他想像的東西。

但是，有時候，用戶的需求會出人意料。

張天鵬講了一個故事。

「那是在二〇一一年。我有個北京的客戶，我叫他王哥。王哥買了我們一個非常貴、非常大的酒櫃，一次能藏一百多瓶酒的那種。我們覺得，這個王哥肯定很有錢、很有品味。他在北京的家，是個大別墅，我們專門跑到北京登門求教。我說：『王哥，你買了這麼多酒，而且都這麼貴，一定是非常有品味、非常懂紅酒的，能不能跟我們講講這裡面的學問啊？』結果，王哥說：『你問的這些我啥也不懂。』這個王哥真的啥也不懂，他就是有錢。他說：『我現在雖然有錢，但很多人還是看不起我，覺得我頂多就是個土豪，除了錢沒別的。』後來聊開了，他建議我們應該搞搞關於紅酒的課程、資訊什麼的。」

像王哥這樣的人其實是一個很有代表性的群體。張天鵬後來隨機選了一千個樣本，發現王哥這樣的用戶占到百分之七十至百分之八十。其實客戶需要的不是酒櫃，而是想知道怎麼選酒、怎麼喝酒、怎麼品酒，他們需要的是關於紅酒的知識。

「說白了，了解了這些他就可以裝裝樣子。」

雖然海爾這麼早就知道了用戶的痛點，但怎麼才能滿足他們的這種需求呢？那時候，網際網路還沒有現在這麼發達，微信和App也沒有流行。海爾一開始考慮在酒櫃上裝一個顯示面板，但這個面板不好裝，因為酒櫃的門板是玻璃的，嵌上面板，用戶用起來不方便。

再後來，到二〇一五年，張天鵬團隊做出了帶螢幕的酒櫃，並內置了一款他們自己開發的App。這個App的名字叫「酒知道」。

張天鵬開心地笑了：「剛開始我們的口號是：海爾酒知道，您身邊的試酒師。後來我和一些酒商聊天瞎扯的時候，突然想到了一句話：三分鐘給用戶提供三十分鐘的顯擺方案。你可能覺得這上不了檯面，但我覺得挺實際的。」

「酒知道」也在不斷轉型。最開始是提供酒的知識服務，到了二〇一六年、二〇一七年，共享經濟概念開始流行，張天鵬就想做共享酒櫃。

中國百分之九十的紅酒是在餐館裡喝掉的，但絕大多數紅酒是顧客自己帶的。一個餐館老闆晚上打烊後數瓶子，發現顧客喝掉了八九十瓶紅酒，兩大筐酒瓶，結果問下收銀台，自己店裡只賣掉了兩三瓶。酒莊也不知道自己的酒去了哪裡、被什麼人喝了，什麼樣的人喜歡喝什麼口味的酒。酒莊有層層的中間流通環節：區代理商、省代理商、市代理商、更小的代理商。雁過拔毛，酒莊也沒有賺到什麼錢。

「我們能直接跳過一批、二批、三批、四批等中間環節。比如奔富紅酒，我們一瓶賣三百五十八元，保證是真貨。我賣一瓶只掙三十五・八元，也就是收百分之十的平台費。酒莊和餐廳可以直接分成，拿走大頭。」

這樣，「酒知道」就變成了一個酒的平台，不再是酒櫃的平台了。

張天鵬說：「現在我們的共享酒窖已經有一千多家了。我希望三五年之後，『酒知道』可以成熟起來，通過自主融資，最終實現上市。」

在海爾的十八年，有什麼變化呢？

「海爾變化還是很大的。海爾一直信奉『以變治變』。海爾最大的變化是：從做產品到做生態。唯一不變的是：圍繞用戶。我自己也變了，以前只是海爾集團研發崗位上的一顆螺絲釘，現在成了創業者，更忙了，需要考慮的東西更多了。」

「我就是海爾的一個老兵。海爾是家電領域和服務領域的老兵。我現在又是酒圈的一個新兵。」

企業必死，生態永存

張天鵬的「酒知道」只是海爾近幾年孵化出來的上百個小微業務之一。

如果你隨機採訪一個路人，問他海爾是幹什麼的，十有八九，他會告訴你，海爾是造冰箱的。錯，我們已經分辨不出海爾是幹什麼的，也不知道海爾的企業邊界在哪裡，甚至不知道誰是海爾的人。海爾早已變成了一個龐大的、在內部孵化眾多創業項目的平台型公司。這正是海爾的當家人張瑞敏這個老兵，面對網際網路行業的衝擊想出來的一步妙招。

早在二〇〇〇年，張瑞敏就預見了網際網路行業的入侵。在當年參加完達沃斯世界經濟論壇之後，他在《海爾人》上發表了一篇文章〈「新經濟」之我見〉。他已經意識到，網際網路這個游牧部落總有一天會揮師南下。怎麼辦？

張瑞敏嘗試了很多種方法，希望海爾能夠在網際網路的攻勢來臨之前完成自我反覆運算。[3]

張瑞敏先是邀請網際網路企業教自己怎麼做。他花費鉅資從IBM（國際商用機器公司）和惠普請來顧問，搭建新的組織流程。方案出來之後，張瑞敏感覺這個流程太複雜了，沒有解決問題。

於是張瑞敏又開始在企業內部實施流程再造。這有點像趙武靈王推行的「胡服騎射」政策。海爾經過數年的努力，按照信息化的要求重新改造了所有的生產、管理流程。但是，海爾的打法還是製造業企業的打法。

海爾嘗試過定制化生產。早在二〇〇〇年，張瑞敏就說過，如果使用者需要三角形的冰箱，海爾就生產三角形的冰箱。如今，海爾的用戶可以自己提出設計需求，而且可以與其他的用戶互動。比如，有個用戶提出了一種鳥巢外觀的空調機，得到很多其他用戶的點讚，結果這個設計就進入了海爾的工廠，很快變成了可量產的空調型號。

海爾嘗試過製造業＋物流。海爾物流一九九九年就成立了。這個物流公司在內部負責整合整個公司的採購與配送業務，降低成本；對外負責對接各個地區、各種不同類型的顧客的送貨服務，服務到家。它可以為海爾的供應商提供全流程的物流、信息服務，也可以為不同行業提供量身定做的物流解決方案。

海爾嘗試過製造業＋智能化。海爾很早就嘗試讓家電變得更加智慧。海爾的電視可以控制客廳裡的所有智慧設備。海爾的天璽空調能夠識別出不同人體的冷熱，假如左側站著小孩子，右側站著成年人，則空調左側的風量就會小一些，右側的風量就會大一些。海爾的洗衣機會提醒你不要把白色和黑色的衣物混在一起洗。海爾衣櫥裡的「大魔鏡」會根據你衣服上的ＲＦＩＤ（射頻識別技術，俗稱電子標籤）編碼自動識別，進行分類，還能為你提供穿衣搭配的建議。

海爾嘗試過蘋果模式。蘋果是以精品產品為核心，建立極具黏性的客戶群，然後以硬體為基礎，在此之上做好軟體的部分。海爾的精控平台就是這種思路。

看起來，海爾把能夠嘗試的方法都嘗試了，但張瑞敏還是不滿意，直到海爾真正找到自己的打法。

---

3 郝亞洲，《海爾轉型筆記》（北京：中國人民大學出版社，二〇一八）。

海爾的打法是：去海爾化。

這是一種比網際網路企業更激進、比創業企業更瘋狂的打法。

海爾現在已經變成一個開放的創新平台。大的平台下面又有很多小的平台。小的平台上長出來很多「小微」。「小微」現在是海爾的細胞。我們剛剛介紹的「酒知道」就是一個「小微」。「小微」可以自主尋找創業專案，並按照全新的會計體系實行考核。平台由平台主負責。

「小微」由「小微主」負責。平台主的主要責任就是孵化，也就是說，他們要為「小微」提供各種資源支持，但是他們沒有人事任免權。平台主和「小微主」都是競爭上崗，誰上誰下，市場和員工說了算。

海爾現在既不是生產產品的，也不是提供服務的，甚至不是創造平台的，海爾是培育生態的。張瑞敏說，海爾選擇的是從一個封閉的科層制組織轉型為一個開放的創業平台，從一個有圍牆的花園變為萬千物種自演進的生態系統。

二〇一八年九月二十日在青島召開的「人單合一模式國際論壇」是海爾一年一度的盛會。在晚宴上，張瑞敏專門挑了一條領帶，上面印著各式各樣的公式。企業管理是個謎題，張瑞敏一直在尋找解開這個謎題的公式。

張瑞敏說：「我早些年曾經問過傑克・威爾許（Jack Welch, Jr.），他選的接班人怎麼樣？他說不怎麼樣。接班人往往沒有創業者的那股衝勁兒，不太可能具備創業者精神，所以公司的可持續發展就會有問題。凱文・凱利（Kevin Kelly）有一句話說得很好：所有的公司都難逃一死，所有的城市都近乎不朽。原因是企業總想成為帝國，而城市是一個開放的生命體。靠原來那種圈定接班人的做法，想讓企業保持持續發展、基業長青幾乎是不可能的。我希望我們不是把企業變成一個帝國，而是把它變成一個生生不息的生態系統。」

他舉起酒杯：「讓我們為能夠創造一個全新的、生生不息的生態系統乾杯！」

凡是過去，皆為序曲

多年之後，很多網際網路企業會忽然意識到，原來海爾用的才是真正的網際網路打法。網際網路企業原本擅長攻破別人的護城河，如今卻忙著修建自己的護城河，這個護城河可能是壟斷的資料，也可能是巨額的資本；網際網路企業原本信奉開放和自由，如今卻醉心於打造自己的勢力範圍，建立包羅萬象的商業帝國；網際網路企業原本是創新的平台，如今卻成了下一代創新企業繞不開的坎。

網際網路企業什麼都不缺，唯獨缺少久經沙場的磨練，缺少置身生死關頭的恐懼感，缺少面臨大軍壓境的危機感，缺少面對外來入侵的深入骨髓的警惕和焦慮。莎士比亞（William

Shakespeare, 1564-1616）在《暴風雨》（*The Tempest*）中寫道：「凡是過去，皆為序曲。」像海爾這樣的傳統企業經歷過的困境，網際網路企業遲早也會體驗。到那時，他們才能領悟到，老兵畢竟是老兵。

網際網路企業或許不需要借鑑海爾對傳統生產流程的再造，但他們無法低估張瑞敏在組織管理方面的創新。

通用電氣前CEO傑克・威爾許提出了無邊界組織，他大概是世界上第一個提出無邊界管理的CEO。但他始終沒能在通用電氣內部推行開來，可見組織變革有多難。

張瑞敏說，要讓每個人成為自己的CEO。張瑞敏在集團大會上又說，大家要忘掉海爾，才能成就生態。怎麼理解張瑞敏的戰術呢？

一個企業終極的目標是什麼？傳統的經濟學告訴我們，企業的目標是讓股東利益最大化。這是一個謊言。張瑞敏始終認為，公司把股東放在第一位是不對的，股東不會為公司創造價值，他們只會分享公司的價值，只有員工和客戶是為公司創造價值的。

這是張瑞敏從自身的經驗悟出的道理。做平台的企業很多，每一個都有自己的優勢。阿里巴巴的平台優勢是資料，華為的平台優勢是基礎設施。海爾的優勢只有人，一邊是八萬多名員工，一邊是一億多名用戶：發揮得好就是優勢，發揮不好就是負擔。人只有在發揮主動性的時候才能成為優勢。所以，張瑞敏必須讓每個員工都成為CEO，把自己的潛能發揮出來。

那為什麼要「去海爾化」呢？這是海爾的自我革命。這種自我革命來自張瑞敏這樣的老兵對戰場變化的感知：春種冬藏、向死而生。從張瑞敏的戰術中，隱約能夠看到集群作戰的影子。這種戰術最早是因匈奴王阿提拉而出名，他的隊伍能夠隱於無形，然後突然之間冒出來，從四面八方發動進攻，在擊敗比自己更強大、更先進的對手之後，又在瞬間消失不見，如此反反覆覆，令對手防不勝防。共產黨的游擊隊採用過這種戰術。遼瀋戰役時期「四野」（中國人民解放軍第四野戰軍）的「班自為戰、人自為戰」的打法採用的也是這種戰術。當時，林彪對手下的指示是：「亂不亂我不管，只要找到廖耀湘就行。」[4]

如今，各國軍方都在抓緊研製的無人機蜂群式攻擊也是這種戰術。集群作戰的祕訣在於：既能分散，又能合作，隨時變化，不斷試錯，無招才能勝有招，無形才能藏於天地之間。

每一個老兵心裡都清楚，你永遠不可能知道，下一分鐘敵人會從哪裡發起進攻。在瞬息萬變的戰場上，你慢慢會悟到：迂迴就是捷徑，模糊就是清晰，分散就是力量，混亂就是有序。

---

4 中國圖書網，http://www.bookschina.com/2870441.html。

Sky流

二〇一五年，三十歲的李曉峰退役了。

他是個身經百戰的老兵，已經在戰場上摸爬滾打了十多年。在對手眼裡，李曉峰是個令人心生絕望的戰術大師。他能夠敏銳地把握稍縱即逝的戰機，把行動時間精確到以秒計算，將對手的一切戰術扼殺在搖籃之中。面對李曉峰冷靜而殘酷的進攻，對手除了硬碰硬地拚刺刀，沒有任何反制的辦法。所有的對手幾乎都知道李曉峰會用什麼戰法，知道他什麼時候出什麼兵，但是依然無法戰勝他。在李曉峰出山之前，人族一度被獸族虐得不成樣。獸族可以通過自己的種族優勢在戰鬥前期就對人族無情輾軋，直接拖垮人族的經濟和兵力，快速結束戰鬥。李曉峰的出現，徹底扭轉了戰局。

李曉峰是一款戰略遊戲《魔獸爭霸III：混亂之治》裡的一位電競選手。他在遊戲裡的名字是Sky。由他獨創的戰術被稱為「Sky流」。Sky流是一種由大法師、獸王、男女巫、召喚物、民兵、迷你塔組成的混合式一波流。由於Sky幾乎是以一己之力扭轉了人族對戰獸族時的劣勢局面，因此他被稱為魔獸「人皇」。

在中國電競史最灰暗的年代，李曉峰猶如劃破夜空的一道閃電。他是中國電競業混沌期出現的第一個真正意義上的職業選手，也是中國第一位電競明星。他在二〇〇五年和二〇〇六年連續兩屆獲得WCG（世界電子競技大賽）總冠軍，這相當於獲得了電競界的奧運會金牌。李曉峰身披國旗、手捧獎盃的那一刻，螢幕前無數玩遊戲的熱血少年激動得熱淚盈眶。

如今三十三歲的李曉峰略顯疲憊，有種老兵解甲歸田之後的滄桑感。電競行業的更新速度極快。《星際爭霸》和《魔獸爭霸》的玩家已經不再年輕，《英雄聯盟》的玩家也漸漸老去，現在流行的是手機上速戰速決的《王者榮耀》和吃雞遊戲。李曉峰現在是吃雞遊戲的一名主播。時下最火爆的一款吃雞遊戲名叫《絕地求生》，這是一種戰術競技型射擊類沙箱遊戲：一群玩家在孤島上自相殘殺，哪位玩家或哪個小隊能活到最後就是贏家。結束時系統就會送上一句祝賀：「大吉大利，今晚吃雞。」霓裳易散，梨園易老，李曉峰的名氣已遠不如最紅的幾位吃雞遊戲主播：大司馬、韋神、四叔、某幻君等。

對年紀更大一些的人來說，電子競技是件很難理解的新生事物：不就是打遊戲嗎？

「不，」李曉峰正色道，「電子競技也是一種體育競技。」

Sky流是一種很無趣的打法，沒有令人目眩神迷的特技，也沒有讓人感覺酣暢淋漓的圍殺，需要的只有冷冰冰的計算和超乎想像的執行力。

拋開電子競技這種外在的形式，你會看到李曉峰的成功道路和傳統的體育項目選手是一樣的，都要進行近乎自虐的嚴酷訓練。在長達十多年的時間裡，李曉峰每天至少要練十個小時，有的時候一天會練十八個小時。他會練到拿起滑鼠就眼睛模糊、大腦無意識——即使在這種情況下，他還能堅持練很多盤。APM（每分鐘操作指令數，又稱手速）是電子競技選手的關鍵資料之一，測的是每分鐘點擊滑鼠和敲擊鍵盤的次數。巔峰時期，李曉峰的APM紀錄保持在三百一十次以上。

李曉峰的風格和他的經歷有關。他出生在河南汝州的一個貧寒家庭。早年打《星際爭霸》的時候，家裡的電腦配置極差，玩家一旦超過一百人就會卡，所以李曉峰只能選擇速攻。Sky流就是典型的速攻打法。

回首往事，李曉峰怎麼看待電子競技？一開始只是沉迷於遊戲，後來他才發現，電子競技可能是改變命運的唯一出路。他學習成績不好，沒有辦法風風光光地考上大學。是聽從父親的安排，甘心在縣城找一份工作，還是在江湖上闖蕩出自己的道路？

電子競技讓李曉峰無意中找到了一條人生的通關祕道。

波普藝術大師安迪・沃霍爾這樣講可口可樂：「最富的人與最窮的人享受著基本相同的東西。你可以邊看電視邊喝可口可樂，你知道總統喝可樂，伊莉莎白・泰勒（Elizabeth Taylor, 1932-2011）也喝可樂，你也可以喝可樂。可樂就是可樂，沒有更好更貴的可樂，你喝的與街角的叫花子喝的一樣，所有的可口可樂都一樣好。」電子競技就是很多年輕人的可口可樂。他們已經不願看無聊的電視劇，網上又找不到好的影視資源，那他們幹什麼呢？

有人在青春的時候當「知青」，有人在青春的時候當校園歌手，有人在青春的時候打

《魔獸世界》，有人在青春的時候打《王者榮耀》。鐵打的營盤流水的兵。不管你選擇用什麼樣的方式消磨時光，青春都是我們每一代人必須服的兵役。

電子競技「超級碗」

二〇一八年，電子競技突然火了。

二〇一八年五月二十日，在雅加達亞運會上，電子競技作為一項體育運動首次出現在大型賽事中。中國隊首先獲得了《王者榮耀》（國際版）的冠軍，然後在《英雄聯盟》總決賽中以三比一力克韓國隊。儘管《英雄聯盟》是中國PC（個人電腦）端遊戲人口最多的專案，但韓國歷來是《英雄聯盟》的霸主。這個獎盃得之不易。

是電子競技更需要亞運會，還是亞運會更需要電子競技？與其說是電子競技需要亞運會，不如說亞運會更需要電子競技。在微博上，有關亞運會的閱讀量為十・八億，而有關電競亞運會的閱讀量卻高達十六億，遠超亞運會本身。協力廠商市場情報研究機構Newzoo最新發布的全球電子競技市場報告顯示，二〇一七年全球有一・九二億觀眾觀看電子競技，其中，中國觀眾最多，為六千零四十萬人，其次是美國觀眾，為兩千四百六十萬人。

韓國、日本的多家主流電視台對此次亞運會電子競技比賽進行了全程直播，但央視卻在最後一刻放棄了對比賽的直播。

又一個高潮在十一月三日到來。這一天，《英雄聯盟》S8全球總決賽在韓國仁川文鶴體育館舉行。來自中國的iG戰隊殺入總決賽，以三比〇的戰績擊敗歐洲戰隊FNATIC，獲得英雄聯盟的全球冠軍。中國戰隊等待這一天至少等了八年。在很多大學裡，學生們擠在食堂裡一起觀看現場直播。比賽結束的時候，學生宿舍爆發出驚天動地的歡呼：「iG！iG……」這一次，央視新聞、共青團中央、紫光閣的網站都發微博祝賀。

二〇〇三年電子競技就已經被國家體育總局列為第九十九個正式體育項目。文化部也已將電子競技納入新的五年規畫之中。各地政府對電競產業表現出越來越強烈的興趣。那麼，備受矚目的電子競技，究竟是新興產業，還是傳統產業呢？

電競產業拚命想躋身傳統的體育產業，這不單是為了獲得合法性的支持。事實上，像電子競技這樣的新興產業，已經越來越痛切地感受到，必須要向傳統產業的老兵學習。

無論是從選手的訓練、俱樂部的運營，還是賽事的組織方面，電競產業都在向傳統的體育產業競技取經，學習傳統體育產業是如何在上百年時間裡，用一場場充滿戲劇色彩的賽事、一個個史詩般的傳奇人物塑造出精神圖騰，讓數億跨越文化、年齡和性別的人們拜服腳下。

和傳統的體育專案一樣，電子競技也有自己的職業選手。民間高手可能在一盤中偶然勝

2018年8月11日《王者榮耀》冠軍杯國際邀請賽總決賽賽事現場（圖片來源：騰訊互娛）。

過職業選手，但在團隊配合上遠遠不及職業選手，因為民間高手不太可能保持穩定的成績。電子競技職業選手的訓練和傳統體育項目如出一轍。一個電子競技職業選手的一天往往是這樣度過的：同一個隊的隊員住在一起，集中訓練，從中午十二點開始，一直練到晚上兩三點。晚上網路更流暢，適合跟國際選手對練。隊裡有教練，有專門做飯的人員，有的俱樂部還特地請了中國女籃的心理輔導團隊。如果隊員打得不好，教練會暫停訓練，讓大家複盤。

這樣，隊員聚集在一個個電子競技俱樂部之中，這些俱樂部的運營也越來越專業化。朱砂是一位二十四歲的西安姑娘，曾經在券商和投行工作，後來離職加盟了一家電子競技俱樂部。作為俱樂部的運營經理，她要負責電子競技選手的包裝。她告訴我們，這是從韓國學來的，但中國的電子競技俱樂部已經青出於藍。每個賽季，俱樂部和賽事承辦方都會想辦法打造幾個明星選手。選手所處的位置中核心位置叫作「C位」。要想站到C位，不僅要看實力，還要看顏值。原來看起來其貌不揚的選手都被朱砂逼著去做了髮型、拍了宣傳照。俱樂部官方微博、官方微信、貼吧、粉絲群、Logo推廣，一個都不能少。大賽之前，組織粉絲、製作海報、為粉絲製作螢光棒和VI（視覺識別）手環、選擇應援色，每件事都必須精益求精，這樣才能讓俱樂部和電競選手有更強的辨識度，讓粉絲團有更強的儀式感。

電競中心原來是在北京，因為北京的高校多，大學生多。後來電競中心從北京移到上海，最初的原因是電子競技需要和外國優秀選手對練，上海的網速比北京快，後來上海在電競商業化方面做得更好，電競中心就移至上海了。更多的城市也正在嘗試吸引電競俱樂部落戶，比如Sky所在的WE俱樂部《王者榮耀》的團隊就已經落戶西安。越來越多的城市在發展文體產業的時候會考慮支持電競俱樂部。這些城市希望將電競俱樂部打造成一張有特色的城市名片。是動輒花費幾千萬元補貼傳統體育項目（比如支持那些從不長進的足球俱樂部）好呢，還是另闢蹊徑，找到一個新的出口，放飛年輕人的激情和夢想好呢？得年輕人者得天下。

電競賽事更是主動地模仿傳統體育產業。KPL（《王者榮耀》職業聯賽）是目前電競行業最成熟、規則最為複雜的賽事之一。你可以從各個細節看出其模仿NBA（美國男子職業籃球聯賽）的痕跡。

ＫＰＬ像ＮＢＡ一樣分東、西兩個賽區，春、秋兩個賽季；還分常規賽、季後賽、總決賽三個部分。ＫＰＬ先是在東西賽區各自比出一支冠軍隊伍，然後兩支隊伍再進行總決賽，決出季度冠軍。

ＫＰＬ每年兩場的總決賽不只是一場比賽，它更像是一個「綜藝＋體育＋電競」的狂歡盛典，該盛典由一連串的板塊拼湊而成：決賽現場有賽前採訪視頻、有文藝明星助陣和明星表演賽。例如，二〇一八年前ＫＰＬ春季賽總決賽上來助興的有鋼琴演奏家郎朗、青年演員婁藝瀟等。很多明星也是電競愛好者，他們本身有興趣配合，也樂於通過電競賽事塑造一個更為年輕人喜愛的形象。

二〇一八年七月八日，ＫＰＬ春季賽總決賽在上海梅賽德斯—奔馳文化中心舉行，一萬八千張座位票早已售罄，幾乎座無虛席。整個決賽頗似美國職業橄欖球大聯盟的年度冠軍賽「超級碗」。ＫＰＬ賽事的承辦方量子體育ＶＳＰＮ公司ＯＢＳ組的負責人奧伯（Ober）從一開始就抱有這樣的想法：「這場賽事最有希望成為有中國特色的『超級碗』。」奧伯的團隊還剛剛承辦了二〇一八《王者榮耀》冠軍杯。與ＫＰＬ相比，參加冠軍杯的不僅包括國內的俱樂部，還包括國外的俱樂部。從某種意義上看，他們企圖將冠軍杯打造成《王者榮耀》界的歐洲冠軍聯賽或者世界盃。

電競賽事直播本身的技術、流程也頗多借鑑了傳統體育賽事直播。比如在KPL賽事直播時，有一支叫作OB（觀察員）的幕後團隊，他們和傳統體育賽事中的攝像師功能類似：十個人坐一排，拿著手機看遊戲畫面，發現有對戰或者關鍵信息，就推給導播，導播根據經驗和實際情況決定向大眾推送什麼畫面。整個過程已經形成了一個標準化的操作流程，其主要目的就是讓畫面更好看，讓觀眾更「著迷」。一些體育賽事直播中常用的即時慢動作重播等技術也開始頻繁見諸電競比賽的直播中，而在不到十年前，這樣的慢動作重播幾乎只會在傳統體育賽事轉播中出現。

NBA的觀眾平均年齡已經在四十歲以上，「世界盃」的觀眾平均年齡也在上升。對相當數量的年輕人而言，電子競技的對抗性、可觀賞性都要比傳統的體育比賽更強、更吸引人。現有的遊戲直播借鑑了傳統體育的內核，但在採用新技術方面比傳統體育有更強的包容性。

二〇一八年KPL春季賽總決賽用AR技術做了一隻鯤，這隻夢幻般的獨角巨鯤在觀眾席的上空自由自在地游弋。這隻鯤從兩千年前莊周的思緒中游出，游到了《王者榮耀》的遊戲中，然後一轉身，游向了沒有人能看得到的未來。

新與舊

二〇一八年九月十日，馬雲選擇了這樣一個特別的日子宣布退休。他宣布，一年之後，也就是二〇一九年九月十日，他將不再擔任阿里巴巴董事局主席。又一個老兵即將退役。馬雲挑選這個日子，不僅是為了慶祝教師節，更是因為十九年前，阿里巴巴就是在這個日子成立的。馬雲說，他退休之後打算當一名老師。

九月十九日，就在他宣布退休一週之後，阿里巴巴CTO（首席技術官）、阿里巴巴達摩院院長張建鋒在雲棲大會宣布，阿里巴巴將成立獨立晶片公司——平頭哥半導體有限公司。平頭哥是蜜獾的別稱，被稱為世界上最無所畏懼的動物。這個公司名稱是在馬雲的堅持下起的。平頭哥公司計畫在二至三年內打造一款真正的量子晶片。一個肩負著特殊使命的新企業誕生了。

馬雲宣布要像老兵一樣退役，但平頭哥公司像一名新兵一樣上戰場了。

二〇一八年五月二十五日，國家發改委發布《汽車產業投資管理規定（徵求意見稿）》，新能源汽車行業的發展到了分水嶺。此前如過江之鯽一般出現的代工模式、殭屍車企將被大面積叫停。已經步入電動汽車製造領域的外來者正在試圖補齊自身的短板，紛紛從國內外汽車行業招兵買馬。一大批老兵，被招募進一支新軍。

與此同時，一汽紅旗發布消息，稱將於十月分推出首款電動汽車紅旗Ｈ５ＥＶ，預計續航里程高達三百一十公里，也會加入智慧網聯技術，比如手機叫車、自動泊車、自我調整巡航技術。一個老企業，殺進了一個新戰場。

根據商務部、工信部披露的資料，截至二〇一八年六月，中國共有五・五億線民在網上買過東西，但網購人數增速已經連續四年下滑。與此同時，有一百萬家實體店參與天貓「雙十一」活動。連久違的實體書店也回歸了。曾經快速增長的新生事物已經減速，看似窮途末路的傳統商鋪又出現轉機。

二〇一六年，中國成為亞馬遜閱讀器——Kindle的第一大市場，很多人預言，電子書的時代已經到來，紙質書很快就會被淘汰。事實上，根據二〇一八年由中南傳媒產業研究院和華泰證券研究所聯合發布的《閱讀產業發展報告（二〇一七）》，中國的紙質書市場規模達到一千八百億元，而電子書市場規模只有二十億元。年輕人並沒有拋棄紙質書。在紙質書的讀者中，三十歲以下的年輕人比率高達百分之五十二・三。傳統的紙質書仍然是主角，新興的電子書只能充當配角。

一排排電腦前，一群面有菜色的年輕人，對著螢幕上被放大的眼睛，一步步做好標記點。他們被叫作數據標注員。二〇一八年最熱門的技術是人工智慧中的深度學習。深度學習的關鍵是給機器做大量的數據訓練，在做數據訓練之前，必須人工對數據進行標注，作為機器學習的先導經驗。這些工作簡單而枯燥：拉框標點、打標籤、分割、批注。像眉毛、眼睛、鼻子、嘴巴等關鍵點上，要做二十多個標記點。這種機械且低薪的工作大多是由來自河南、河北、山東、山西等人口大省的非熟練勞動力來做，甚至有些企業還會把這些工作外包給學生或家庭主婦。看起來最前沿的科技，卻是由最低端的勞動力引導的。

舊的不一定是過時的，舊事物中同樣蘊含著創新的基因；新的不一定是更好的，甚至新的並不一定是新的。創新不是簡單地棄舊揚新，而是不斷地回到傳統，在舊事物中重新發現新思想。

二〇一八年，新和舊之間的界限已經很難區分。

看點03

傳統與創新

無止境，但傳統定義了創新的底線。教我們的是如何平衡、妥協和取捨，並保持謙卑與敬畏。

攻守之勢

借用國際政治理論中的「進攻型武器和防守型武器假說」，我們可以把網際網路行業視為進攻型的，而傳統行業則是防守型的，防守的力量開始逐漸占上風。一個新的時代正在逼近——在物聯網時代，擁有硬體優勢的製造企業有機會反敗為勝。

企業與生態

創新無止境，但傳統定義了創新的底線。傳統教我們的是如何
平衡、妥協和取捨，
並保持謙卑與敬畏。

新與舊

這是一個新的時代，也是一個舊的時代，
新舊勢力在實業的框架內衝突、顛覆、建設、重塑，
而這一框架本身也在這種衝突融合中發生變化。
在喧囂暫定的二〇一八，我們可以察覺到，原來新與舊之間並沒有一條清晰的界限。

電競與體育

對抗的背後也有融合，第一代電競明星SKY憑藉如傳統體育明星
般持久、枯燥的訓練攀上了高峰；新一代的電競產業也正在全方位地學習、借鑑傳統體育產業。
這種學習卓有成效，已經登上了亞運會的電競運動，
在龐大電競粉絲甚至一些城市管理者的眼中，其魅力已經毫不遜於其他任何一項體育運動。

老兵不死

經驗豐富的老兵可以利用傳統的基礎，加上新的技術，
讓上一個時代的工業品發揮出新的魅力，哪怕僅僅是酒櫃。
傳統企業本身也在進行一系列調整——
老兵征戰沙場培養出的嗅覺讓其早已察覺到了危險，
比如海爾進行的「去海爾化」進程。此前迅猛、靈活聯網企業反而在築起高牆。
或許這就是反擊之時。

第四章　在菜市場遇見城市設計師

二〇一八年，人們最關心的是房價是否會出現拐點，但從長時段來看，更值得關注的是城市化的拐點。自上而下的城市化已不可持續。我觀察到的第四個變量是：自下而上的力量浮出水面。換一種眼光去看城市，你會有意想不到的發現。城市化的進程不會停止，未來會有更多的都市圈，但這些都市圈是放大了的城市，還是一種新的城市物種呢？未來的城市不一定都能擴張，假如城市不得不「收縮」，該怎樣才能像瘦身一樣，瘦了更健康？未來的城市將深受網際網路影響，城市空間布局會跟過去有很大的不同。「位置、位置、位置」的傳統房地產「金律」很可能不再適用。我們會看到，城市裡會爆發一場「顏值革命」。這場「顏值革命」來自哪裡呢？歸根結柢，它來自人民群眾自己創造美好生活的能量。

城市盯梢者

何志森每一次上課都會遭到學生的質疑。學生經常非常困惑地問：「老師，我是來學建築設計的，你教我這些，有什麼用呢？」

何志森看起來不像是大學教師，更像是個學生。他頂著一簇翹起的頭髮，這是漫畫裡流行的鳳梨頭，一襲黑衣，運動短褲、運動鞋，拎著一個棉布袋子。何志森在墨爾本皇家理工大學獲得建築學博士學位，他原本是學習參數化設計的，天天在電腦上琢磨工程圖紙，琢磨來琢磨去，幾乎得了抑鬱症，後來轉去研究城市和人。二〇一二年，他成立了Mapping工作坊；二〇一四至二〇一七年，他在美國、澳大利亞、中國等國家的八十多個建築院校和設計研究機構做巡迴演講；二〇一七年，他應邀在華南理工大學做講師。

何志森教學生什麼呢？他教學生怎樣去盯梢，怎樣去觀察街心花園裡的流浪漢，怎樣去看城管抓小販，怎樣區分流浪狗和家養狗的活動範圍，怎樣在春節送人的禮物中裝上GPS定位器，跟蹤禮物被一家人送給另一家人時沿途留下的足跡。

為什麼要教學生去盯梢呢？為了鍛鍊學生的觀察能力。何志森說，跟蹤是連續的觀察。你要是能學會停下來、慢下來、趴下來，就能看到以前看不到的細微之處。處處留心皆學問。

為什麼墨爾本的流浪漢早上五點出門，六點回去睡覺？因為垃圾車六點過來收垃圾，咖啡店大概會在五點半到六點之間把剩的麵包、菜葉扔出來，流浪漢要選準時間出去撿垃圾。

為什麼廣州的居民到了街心花園，放著現成的石凳不坐，非要搬石頭過來坐？因為他們要聚在一起打牌。原來設計的石凳沒有考慮到居民之間互動需要更緊密的距離。所以，居民寧可坐在高低不平的石頭上，也不坐石凳。

為什麼上海里弄裡的居民早上打招呼時手裡都拎著尿壺？因為里弄裡的居民每天要出來倒三次尿壺，上午一次，下午一次，晚上一次，這就成了人們在社區裡偶遇和聊天的時間段，拎著尿壺就可以互相閒聊。

為什麼超市會把牛奶放在最裡面？因為百分之八十六的顧客都買了同一樣東西：牛奶。把牛奶放在最靠裡的地方，不僅是因為牛奶保鮮需要放在冷櫃裡，冷櫃需要靠近牆上的電源，而且是因為這樣會誘導顧客一直走到超市的深處，盡可能地和最多的商品相遇。最大的流通等於最大的利潤。

為什麼超市會把麵包放在牛奶的旁邊？因為關聯定律。麵包的旁邊一定擺放著跟它關聯的商品：牛奶、果醬、花生醬、沙拉醬、巧克力。最大的關聯等於最大的消費。

為什麼超市會把化妝品放在收銀台的旁邊？因為你最後一定會經過收銀台。最貴的商品要擺放在你的必經之路上。

在貨架上跟人們的視線平行的地方放什麼商品？放貴重的、體積小的。最下面放更重的、體積大的，最上面放便宜的、打折的。

為什麼要這麼細心地觀察超市呢？因為購物是二十一世紀最後的公共活動。超市是由經濟學家、心理學家、設計師和社會學家共同打造出來的。[1]何志森說，超市就是城市，你甚至可以把超市理解為「超級城市」的縮寫。

為了鍛鍊學生的觀察能力，何志森有時候會給他們布置一些聽起來很「變態」的作業。比如，他讓學生早上起來到菜市場跑步。為什麼要這樣做呢？

何志森說：「因為跑步的時候和走路的時候觀察到的東西是不一樣的。」

「你的學生觀察到了什麼？」

他聳聳肩，無奈地說：「什麼也沒有觀察到。」

「那你又在菜市場觀察到了什麼？」

何志森詭祕地笑了一下：「你明天跟我一起去菜市場走走，自己觀察一下吧。」

菜市場小販的手

第二天，我們到了廣州市越秀區東山口的農林菜市場。

一進門，是賣早點的鋪子，有幾位攤主或站或坐，正在吃米線。左邊是何媽拉腸，右邊是東北大餅。賣魚的攤子上擺的有馬頭魚、紅目鰱、桂花魚、巴浪魚、脆肉鯇、石斑魚、鯽魚，一條條魚靜靜地躺在碎冰塊上。有賣鱷魚肉的，有賣甲魚的，還有賣青蛙的，青蛙是活的，在絲網裡拚命掙扎。一塊磚頭上密密麻麻地爬著很多小蠍子，小蠍子是用來煲湯的。雞蛋碼得整整齊齊：草雞蛋、烏雞蛋、土雞蛋。放養土雞蛋七塊錢一斤，華農放養土雞蛋十一塊錢一斤，湘湘五穀蛋十塊錢一斤，從化初生土雞蛋十二塊錢一斤。石磨豆腐四塊錢一塊，上面工工整整地刻著字，有的刻著「山」，有的刻著「水」。蔬菜洗得乾乾淨淨，嫩得能掐出水。雖然時時都有顧客過來挑挑揀揀，把原本擺得錯落有致、五顏六色的水果弄亂，但水果小販馬上就會讓它們恢復原樣。賣調味品的貨架上擺著十幾種不同品牌、不同口味的醬油。買菜的人有的拎著包，有的推著自行車，車筐裡放著剛從醫院取回來的核磁共振照片。

何志森指給我看，在很多菜攤頭頂上的招牌處，一邊掛著營業執照，一邊掛著一張攤主的手的照片。這是何志森的學生馬增鋒的創意。馬增鋒到菜市場觀察生活，一上來就找小販聊天，直接被人家轟走了。於是，他就坐在旁邊畫這些小販，慢慢地人們都過來圍觀，嘖嘖

---

1 Jeffrey Inada, Rem Koolhaas, Sze Tsung Leong. *The Harvard Design School Guide to Shopping*, New York: Taschen, 2002. 庫哈斯（Koolhaas）是當代著名的建築大師，中央電視台的新樓就是由他設計的。

廣州農林菜市場「丈母娘」的手。

廣州農林菜市場梅阿姨的手（圖片來源：豬肉姨）。

稱讚：「畫得真像啊，能給我畫一張嗎？」「艾雲尼」颱風來的時候，整個菜市場都被淹了，馬增鋒不走，他幫著小販一起搬冰箱。馬增鋒用了三個月的時間，拍攝了菜市場一百零八位攤主的手。每一雙手的背後，都有一個故事：蔬菜攤攤主的手，乾燥而帶著泥土的痕跡；肉攤攤主的手，油膩又掛著絲絲縷縷的刀傷；海鮮攤攤主的手，透出一股又鹹又腥的海洋的味道。其中有愛漂亮的手，有做著大學夢的手，有為照顧家人而轉行的手，有愛打麻將的手，有擔心女兒高考的手，有二十年婚姻美滿的手……

何志森給我看其中的一張照片：「你注意到這位阿姨的手上寫著一個數字嗎？她是個文盲，每天把賣得的錢寫在手上。那個數字是八百。她這一天賣了八百塊錢。」

何志森讚嘆不已：「這些小販真的很有正能量。他們每天只睡四個小時，但覺得自己非常幸福。跟他們聊天的時候，他們經常會說，你們不要覺得我們辛苦。我們也能掙錢的，只要有這個攤位，我們就能把孩子送到廣州最好的學校上學。」

我問何志森：「你在菜市場觀察到了什麼？」

他想了想，說：「能量。這是一種在艱難的環境中求生存的能力，一種迅速利用機會萌芽的能力。這就是自下而上的力量。」

自上而下和自下而上

讓我們回到一個最基本的問題：是什麼力量推動了城市的生長？

從經濟史的角度看，這個問題很簡單。雖然戰爭帶來了城牆，宗教帶來了神廟，但經濟史學家認為，城市是交易集中到一定程度之後的產物。著名歷史學家、法國年鑑學派的代表人物費爾南．布羅代爾（台灣譯作費爾南．布勞岱爾〔Fernand Braudel, 1902-1985〕）曾說過，沒有市場就沒有城市，同樣，沒有城市就沒有地區性和全國性的市場。城市普及了市場。他堅持認為，不管在時間上和空間上處於什麼位置，「一座城市總是一座城市」。[2]他的意思是說，城市必定要說同一種基本的語言：城市生活要得到農村持續不斷的支持，要從四面八方匯聚人力，城市形成了一個網路體系，每個城市都要與城郊和其他城市保持聯繫。從長時段來看，交易是推動城市發展的最主要的力量。城市的發展是自發的，城市的空氣是自由的。

但是，中國在過去二、三十年經歷的城市化是一種極其獨特的自上而下的城市化。自中華人民共和國成立以來，由於城鄉分隔，城市化始終處於被壓制的狀態。中國真正的城市化是從二十世紀九〇年代之後才開始的。最早的城市化是人口的城市化，九〇年代初期大規模農村人口流入城市。隨後，城市化蛻變為土地的城市化。到了九〇年代後期，一方面出現了住房制度改革，沒有人給你分房了，你只能去買房，另一方面，大規模的城市基礎設施建設開始動工，中國變成了一個巨大的工地。

這是一種自上而下、政府主導、飛速發展的城市化：政府低價收購農民的土地，然後把這些土地賣出去，賣地的收入成了地方政府的主要收入來源。政府利用賣地的收入，以及用土地作為抵押獲得的貸款，進行大規模基礎設施投資，修路、修機場、修地鐵、造新城、建開發區、搞「特色小鎮」。房地產商買到土地便著手蓋房，蓋完房賣房，以此獲得盈利。買房的人，有的人是為了居住，有的人是為了投資，在房價飛漲之後，還有人買房是為了投機。短短二、三十年的時間，這種奇特的城市化模式已經成為一種慣例，似乎城市化天生就應該如此。

二〇一八年，我們觀察到一些信號。這些信號表明，自上而下的城市化已經無法持續。

第一個信號是土地的流標。往年在土地拍賣的時候總會出現一擲千金、舉座皆驚的「地王」。二〇一八年沒有「地王」了，取而代之的是土地流標現象增加。中國指數研究院提供的資料顯示，二〇一八年一至八月，全國三百個城市共流標八百九十宗地塊，這是近年來從

2 費爾南・布羅代爾（Fernand Braudel）著，顧良、施康強譯，《十五至十八世紀的物質文明、經濟和資本主義・卷一・日常生活的結構：可能和不可能》（*Civilisation matérielle, économie et capitalisme, XVe-XVIIIe siècle. 1 - Les Structures du quotidien*）（北京：生活・讀書・新知三聯書店，一九九二）。

未出現過的現象。一線城市合計土地流標十三宗，其中七宗在北京；二〇一七年同期，一線城市經營性土地流標僅四宗。二線城市合計經營性土地流標二百三十八宗，二〇一七年同期為一百零六宗，同比上漲超過百分之一百二十五。與此同時，土地成交價格上漲的速度也陡然回落。截至二〇一八年九月，百分之八十五的城市土地成交溢價率出現下調，三個季度全國住宅用地零溢價成交地塊占總成交宗數的百分之五十九・二。

第二個信號是很多標桿性的房地產企業紛紛改名。一向號稱是房地產界「先知」的萬科去掉了公司名字中的「房地產」三個字。二〇一二年萬科就預測房地產市場已經從黃金時代進入白銀時代。如今，萬科更是提出：最高目標是「活下來」。預感到風向變化的不僅有萬科，保利、龍湖、萬達、合景泰富、時代中國、朗詩綠色也都悄悄地拿掉了公司名字中的「房地產」等字樣。不知前路何方的房地產商在風中凌亂：恆大要造汽車；碧桂園既要養豬又要造機器人；招商蛇口要造郵輪。

第三個信號是收縮城市。清華大學建築學院副教授龍瀛和首都經濟貿易大學城市經濟與公共管理學院副教授吳康等研究城市的學者在二〇一八年發布了自己的研究報告，他們考察了二〇〇〇年以來中國城市化的演變特徵。[3]你可能沒有注意到，雖然所有的城市在做規畫的時候都想進一步擴張，但現實情況是：城市不會總是擴張，有的城市已經開始收縮。表徵收縮城市的最重要指標就是城市人口下降。一想到城市收縮，人們就會想到房價下跌、經濟下滑、民生凋敝。我稍後會告訴你，這是一種過於簡單的誤讀。收縮城市並不都是傳說中的「鬼城」。「有幸」上榜收縮城市名單的，不僅有山西呂梁、甘肅定西、內蒙古烏蘭察布這些內陸城市，還有廣東東莞、浙江義烏這些沿海發達城市。收縮城市在東北地區、長三角和珠三角已經成片出現。在城市化的過程中，有城市擴張，自然就有城市收縮。歐美國家是在二十世紀八〇年代產業轉型的時候關注到這一現象的。比如，美國東北部的五大湖區曾以鋼鐵業和製造業著稱，底特律、揚斯敦、匹茲堡……這些曾經顯赫一時的城市經歷的收縮比中國的城市嚴重得多。在中國，「收縮城市」這個趨勢並非是從二〇一八年才開始出現，但人們大約是在二〇一七年才突然意識到這種現象並開始感到恐慌。從二〇一七年下半年，各個城市之間展開了「搶人大戰」，西安、武漢、成都、南京等二線城市紛紛推出了吸引高校畢業生落戶的優惠政策：人口壓力真的來了。

在特定的時期，城市是可以在自上而下的力量的推動下加速發展的，但在漫長的演化過程中，城市的發展是要自下而上慢慢生長起來的。只有在城市大規模擴張突然放慢之後，我們才能注意到這種自下而上的力量。這種力量長久以來一直存在，只是被掩蓋甚至被壓制了。

在這一章中，我要帶你到東莞、義烏、上海等城市，去尋找這種自下而上的力量。你會

3 楊海，〈當城市不再長大〉，《中國青年報》，二〇一八年三月二十一日，頁九。

看到：

自下而上生長起來的城市更具多樣性。一個城市基層的根系越深越廣，城市的發展經驗就越豐富，出現基因突變的時間就越早，就越容易形成一種「多核」的新物種。未來的都市圈不會再是過去的「單核城市」，而是一種「多核城市」。

自下而上生長起來的城市抗風險能力更強。在外部環境發生變化的時候，基層網路越廣闊的城市，越容易快速地形成反應機制，因此也越容易進行自我反覆運算。二〇一八年，我們已經觀察到了類似的反覆運算：一部分城市已經實現了自下而上的「精明收縮」。換言之，儘管城市的規模縮小了，但毫無衰敗的跡象，而是變得更加精幹、健康。

自下而上生長起來的城市甚至會更美。你可能認為，自下而上的生長是混亂的、無序的。但是在二〇一八年，我們觀察到，這種自下而上重塑城市的力量反而對美感有更強烈的渴望。基層的力量更容易獲得網際網路等新技術的賦能，它們更有活力，更熱愛美好的東西。在城市的每一個角落都有一個個店鋪、一個個市民的審美表達。重塑城市的人，重塑的是屬於自己的美好生活。這是一種遏制不住的力量。

簡單地說，一個有生命活力的城市必須像個菜市場，不僅是因為在菜市場裡能夠真正體會到煙火塵世的人情味，還因為在熙熙攘攘、嘈雜擁擠的菜市場裡隱藏著一種混亂背後的秩序。我們要去理解這種秩序，把它破譯出來。

單核城市和多核城市

萬科集團高級副總裁張紀文教了我一組概念：單核城市和多核城市。

在張紀文看來，中國的房地產行業發展速度太快了，我們用了三十年時間走完了其他國家可能要用一百多年才能走完的路。城市規模變得越來越大，準備好吧，未來可能會出現五千萬人口甚至上億級人口的城市。這樣大規模的城市，形態一定和過去的城市不一樣。

過去的城市是什麼樣的？張紀文說，過去的城市是單核城市，城市主要的功能都集中在中心區域，然後從中心區域向外擴張。你可以想像，這樣的擴張是有限度的，城市規模一旦過大，就會導致效率的下降。那怎麼辦呢？一種思路是在大城市的周圍建衛星城，但這會讓城市內部的交易效率下降。打個比方，原本是一群人擠在會議室裡，領導覺得太擁擠，但如果把手下都打發到其他樓層的辦公室，他們跟領導彙報工作就要來回跑，結果更費事，效率更低。問題出在哪裡？不是出在辦公室的布局，而是公司內部的決策機制和組織結構需要調整。太集權了就要分權，過度中心化了就要去中心化。

所以，未來的城市會變得更扁平化，沒有單核，沒有中心，是一個多細胞的平台。換句話說，未來的城市是多核的。這使我聯想到英國生物化學家尼克・萊恩（Nick Lane）在《生命的躍升：四十億年演化史上的十大發明》（*Life Ascending: The Ten Great Inventions of*

Evolution）一書中講到的，「從簡單細胞到複雜真核的轉變，是我們這個星球上最重要的一次轉變，沒有之一。」[4]細菌就是單細胞，從最早有了生命以來，地球有三十億年都是細菌的天下。細菌雖然簡單，但影響巨大：細菌帶來了地球上的氧氣；細菌使海洋深處充滿了硫化氫；細菌氧化了大氣中的甲烷，帶來了第一片雪花。但細菌始終還是細菌，沒有什麼比細菌更保守的了。細菌只能自我複製，更為複雜的真核生物卻偏愛交換和合作。細菌酷愛秩序，喜歡簡單，習慣控制，一成不變。更為複雜的真核生物卻是永不停息的實驗主義者，它提供了一個新的合作平台。在這個新的合作平台上，細胞可以克服能量的制約，而且能收集並不斷地重組DNA（去氧核糖核酸），這種新的交換和合作看起來更加混亂且無序，卻能夠創造出越來越複雜、先進的生命，因此才有了後來波瀾壯闊的進化之旅。

那麼，哪一個城市是多核城市呢？張紀文說：「你可以去東莞看看。東莞從一開始就是一個多細胞物種。」

誰是東莞人？

你在東莞找不到一個真正的東莞人。東莞本地人會自稱是厚街人或者是長安人，但不會自稱是東莞人。這跟東莞的起源有關，東莞是一個自下而上生長起來的城市。

大約在二十世紀八〇年代，開始有當年的「逃港者」回鄉開工廠，最早的工廠往往是在各個村的祠堂、會堂或飯堂出現的。到了九〇年代，工廠開始從村轉移到鎮，由各個鎮規畫工業園區。這就形成了東莞的獨特格局：東莞不設縣，是一個只有市和鎮兩級建制的特殊的地級市。像這樣的城市全中國只有五個。市的下面是鎮，各鎮自成一體。每個鎮都有一個中心區，商業配套服務集中在中心區，工業園區則分布在鎮下面的村。東莞流行的一個說法是：市裡沒有鎮裡有錢，鎮裡沒有村裡有錢。市裡有時候會伸手向鄉鎮要錢，可想而知，自上而下的行政命令就沒有那麼好使。

一位曾經在東莞市規畫局工作的朋友講了一段往事。當年，他從外地大學畢業，到了東莞市規畫局工作，剛到那兒的時候雄心勃勃，一心想要搞規畫。局裡設計了全市的規畫圖，興匆匆地找來各個鄉鎮的幹部開會，給他們講未來的宏偉藍圖。有一個鎮長湊過來看了一眼，對這個規畫很不滿意，他罵罵咧咧，甩手走了，搞得市規畫局的同志非常尷尬。我的這位朋友是外地人，規畫局局長也是外地人，他們聽不懂東莞話——他們知道這個鎮長在罵人，卻不知道他是怎麼罵的。我問他，後來那個規畫怎麼樣了？他苦笑一下：「我搞過十幾

4 尼克・萊恩（Nick Lane）著，張博然譯，《生命的躍升：四十億年演化史上的十大發明》（*Life Ascending: The Ten Great Inventions of Evolution*）（北京：科學，二〇一六）。

個規畫方案，基本上都沒有按方案實施。」

有沒有規畫可能真的無所謂。東莞的三十三個鎮各有各的特色：虎門的服裝，厚街和大嶺山的家具，大朗的毛織品，長安的五金模具；以中堂鎮為中心興起了牛仔服洗水印染產業，清溪和石碣發展電子信息，橋頭鎮是環保包裝專業鎮。從東莞的一個鎮走到另一個鎮，就像從一片綠洲走到另一片綠洲：在繁華的鎮與鎮之間，你會看到一大片散落的村莊。

我問東莞的朋友：你們的市中心到底在哪裡？他們面面相覷。有個朋友開玩笑說：東莞的市中心在深圳的福田區。

有的時候，有中心不如沒有中心。中山大學的李郇教授是專門研究城市化的。在他看來，不少省會城市反而不如非省會城市有多樣性和活力。比較一下廣州和深圳、南京和蘇州、濟南和青島、瀋陽和大連，你就會發現，中心城市好像被施了「魔咒」。只要有中心，就能確定邊界。只要有了邊界，就會受到邊界的束縛。李郇教授說，他總是推薦學生首選去深圳找工作，其次是江浙一帶的非省會城市，比如蘇州、崑山。他不推薦學生去廣州，因為省會城市反而不如非省會城市好找工作，廣州幾乎只剩下房地產行業了，除非他們想找房地產的工作。

沒有中心的東莞反而能夠連接整個中國、整個世界。東莞是中國各個城市裡小學生數量增長率最高的城市之一。小學教育是義務教育，小學生入學率接近百分之百，而且小學生數量是「數人頭」數出來的，不是抽樣調查或估算出來的。想看哪個城市最能吸引人口，可以看城市小學生數量的變化。二〇〇八至二〇一五年，全國小學在校人數減少了六百三十九萬，下降了百分之六．一九，但東莞的小學生數量增加了將近二十萬，增長了百分之三十六。東莞市規畫局的同志告訴我們，今後幾年東莞還要再建一百多所學校。

東莞吸引的大量外來人口中，打工者人數居多。東莞對待打工者的態度談不上熱情，但算得上寬容。每天晚上，在東莞的世紀廣場上，你能看到兩個不同的群體。很多附近的居民都會過來跳廣場舞，中老年人居多。他們的廣場舞節奏很快，動作利落好看。旁邊是一群十七、八歲模樣的年輕人在跳街舞，他們有的穿著普通的T恤、短褲，有的穿著寬大前衛的喇叭褲或舞衣。他們跳得很投入，而且動作難度很大。大部分圍觀群眾看得很盡興，似乎下意識地覺得自己也能下場嘗試一下。這些孩子大多是從各個工廠趕過來跳舞的打工者，有時候甚至會有從其他地方，比如惠州，專門趕過來「打擂台」的年輕打工者。這是他們的江湖。跳廣場舞的居民和跳街舞的打工者共生共存，他們彼此之間並沒有融合，但相安無事。

東莞也是一個收縮城市。一位工友陪我們去逛厚街中心一條繁華的商業街。沿街的店鋪有賣衣服的，有賣鞋子的，還有賣金器的。街道上人山人海。這位工友說，如今這裡已經不如以前了，以前到了週末，這裡「腳尖兒都踩著腳後跟」了。是的，雖然主街上的店鋪看起來仍然紅紅火火，但拐進旁邊的巷子，會看到裡面的店鋪關的關、空的空。

東莞的各個鎮或浮或沉，主要看誰的水性更好。那些產業鏈比較完備的鎮，就能夠中流擊水，而那些依靠外貿和房地產的鎮轉型就比較困難。

產業鏈是東莞經濟發展的最大優勢。在經濟全球化出現退潮之後，東莞的產業鏈也在調整。起初，產業鏈越拉越長，分工越來越細，在鏈條上的每一個環節都能長出一群加工企業，其中有很多都是小型的加工企業。這種分工模式發展到一定的階段，就會導致交易成本的上升。如果一家企業的供應鏈上有上千家加工企業，那管理起來就會成為企業沉重的負擔。新的趨勢是：產業鏈正在變得更加緊密而短促。有競爭力的加工企業會同時承擔供應鏈上的數種甚至數十種相關產品的加工，它們和下單企業之間的合作變得更加緊密。

靠著這種盤根錯節的供應鏈紐帶，沒有中心的東莞保持了跟整個世界的緊密聯繫。「收縮」之後的東莞仍然活力十足。二〇一七年東莞的GDP總量為七千五百八十二億元人民幣，是海南的一・七倍，是寧夏的二・二倍，是青海的二・九倍。東莞平均每一平方公里土地可以創造出的GDP多達三億多元，地均GDP超過了廣州和廈門，是蘇州的一・五倍，是南京的一・七倍。

據說，東莞市正在考慮做新的總體規畫，打算建一個中心主城區。我問李郇教授，這樣的規畫能成功嗎？李郇教授略有吃驚地看了我一眼，好像難以相信我會問這麼傻的問題。他搖搖頭，一個字一個字地說：「絕對搞不起來。」

城市新物種

也許，東莞人自己都沒有意識到，這個沒有中心的城市就是未來城市的新物種。

我們來思考一個問題：隨著城市化、交通與通信技術的發展，一個人的生活半徑是會擴大，還是會縮小呢？

很多人認為，我們在城市裡的生活半徑會越來越大。隨著飛機、高鐵、城際鐵路的流行，很可能會有更多的人選擇在一個城市居住，而到另一個城市上班，也會有越來越多的人在一個城市吃早餐，然後趕到另一個城市吃午餐。

這是一種誤解。哈佛大學經濟學家愛德華・格萊澤（台灣譯作愛德華・格雷瑟〔Edward Glaeser〕）提出了一個現代都市的悖論：隨著長距離運輸成本下降，接近性（proximity）的價值反而上升。[5]「格萊澤悖論」的意思是說：城市一體化程度提高之後，城際之間的人流和物流會變得更加暢通，但人們的生活半徑很可能不僅不會擴大，反而會縮小。作為一個普

5 愛德華・格萊澤（Edward Glaeser）著，劉潤泉譯，《城市的勝利：城市如何讓我們變得更加富有、智慧、綠色、健康和幸福》（*Triumph of the City: How Our Greatest Invention Makes Us Richer, Smarter, Greener, Healthier, and Happie*）（上海：上海社會科學院出版社，二〇一二）。

通的城市居民，你的工作、社交、娛樂、生活，都可以在方圓幾公里的範圍之內解決。在城市和城市之間奔波的是為你的生活提供便利的貨車，而不是你。你用不著再長途奔波，也用不著每天花上兩、三個小時甚至更長的通勤時間。

當你坐在從廊坊或固安開往北京的班車上的時候，不要以為你已經加入了某個會影響未來的小趨勢。不，不是的，事實上，你正騎在一隻恐龍的身上，而恐龍是一種舊物種。

在城市一體化程度提高之後，我們會看到城際通勤不是變多，而是變少了。如果兩個城市之間的通勤很多，只能說明這兩個城市之間的差距太大。在廊坊和固安找不到好工作，人們才會到北京上班；北京的房價太高，人們才會住到廊坊或固安。如果你住在崑山或杭州，崑山和杭州的工作機會一樣多，你可以選擇去鄰近的城市工作，也可以選擇在當地工作，城際通勤反而不會那麼擁擠。

中國在未來會出現更多的都市圈，城市一體化程度會進一步提高，但我們可能很難再找到這些都市圈裡的中心城市。比如說，粵港澳大灣區的中心城市是哪一個？香港？廣州？深圳？都是，又都不是。未來的粵港澳大灣區更像是一個超級的組合城市，或者說，粵港澳大灣區的未來形態更像是一個升級版的東莞。

一個沒有中心城市的都市圈，這聽起來好像匪夷所思，但如果我們把城市視為一個生態系統，就容易理解了。大自然裡是沒有獅子王的，每一個物種都有自己在生態圈中的位置。

一個大的生態系統是由很多小的生態系統構成的，每一個小的生態系統都自成一體。這樣的生態系統才能具備多樣性，而只有多樣性才能提高生態系統的穩定性。

東莞並不是中國最現代、最發達的城市，它不像北京那樣雄偉，也不像上海那樣時尚，不像杭州那樣嫵媚，也不像成都那樣休閒。東莞看起來有些舊、有些亂、有些俗。但是，東莞代表著一種新的城市物種，它已經出現，卻仍被忽視。這就好比恐龍和哺乳動物的差異。假如你回到白堊紀時代，你會看到地球上的霸主是恐龍。恐龍的個頭更大、跑得更快、更加健壯、更加凶猛，恐龍更適應當時的環境。不過，如果你再仔細去尋找，你會在陰暗潮濕的山洞裡面找到一種像老鼠一樣大小、膽小又醜陋的新物種。這個像老鼠一樣的新物種就是包括我們人類在內的所有哺乳動物共同的祖先。回過頭來看，哪一個物種在進化的進程中更有競爭力呢？

未來的都市圈會越來越大，會變成一種升級版的東莞，這將提供一種新的組合城市的合作平台，並保持城市的多樣性。但是，如果你去看某一個單一的城市，它很可能不再擴張，而是會收縮。為了更好地應對收縮過程中的挑戰，一個城市必須保持足夠的開放性。開放性能夠幫助一個城市抵禦外部風險。哪個城市是「精明收縮」的典型呢？請你跟我一起到義烏去。

林哥

林哥開著一輛價值一百萬元的進口寶馬SUV，但他在義烏沒有買房子。林哥一邊開車一邊轉過頭來跟我們講話。他講話的時候會略抬下巴，瞇起眼微微斜著看人，聲音很大：「我們義烏人都這樣。開豪車才能做生意。知道吧？」車的後備廂裡放著幾個足球，開車的時候，足球在後面晃來晃去，撞得砰砰響。

這是林哥的廠子裡生產的足球。他是個八〇後的「企二代」。讀大學的時候，林哥學的是電腦，他從來沒有想過要接班，但到頭來家裡一個電話，林哥還是乖乖地回家接管了家裡的幾個體育用品企業。

我們跟著林哥，親眼見證了他的一個訂單是怎麼完成的。這個客戶是斯里蘭卡人，是跟著一個外貿公司的熟人一起過來的。斯里蘭卡商人要訂三百個足球，仿某品牌新款，每個足球的價格是三十四元。其他都好說，但有個小小的麻煩。斯里蘭卡商人想讓林哥直接把那個品牌的Logo印在足球上。林哥說，這在中國是侵犯智慧財產權的。外貿公司的人和斯里蘭卡商人嘀咕了一會兒，最後談妥了：斯里蘭卡商人自己處理商標問題。

林哥朝我們攤攤手，他說他也很無奈。林哥講道，他還有一個合作多年的印尼客戶，也是一直在賣假貨。林哥勸人家不要這麼做，他告訴那個印尼客戶：「你們現在就是在經歷發展的早期階段，遲早要轉型的，為什麼不早點轉呢？」印尼客戶聽了之後心動了，開始嘗試賣自主品牌，結果賣不出去，最後只能要求退貨。

雖然林哥只有三十歲出頭，但已經有些發福了。他的氣質介於青年人和中年人之間：和四、五十歲的生意人相比，他顯得樂於交談、風趣活潑；和三十幾歲的上班族相比，他又多了幾分精明老練。林哥笑起來時眼睛會瞇成一條縫，他是個爽快人，幾乎有求必應。他跟家人聚少離多。林哥的老婆在商貿城打理店面，他在七十公里之外的工廠盯著工人生產。他每天早上五、六點鐘起床，晚上還會有各種應酬。林哥說，有一年他創下了紀錄，一年有一百九十多個晚上都在KTV（唱歌娛樂場所）。

林哥一邊開車，一邊跟我們聊天，一邊用車載藍牙一通又一通地接電話。有問出貨日期的，有約飯局的，有談尾款的。有個客戶打電話過來，想跟林哥進一批貨，但前面欠的錢還沒給。電話裡那個人不斷地說：「欠你的錢，我真的覺得很不好意思。」林哥說：「既然我都開口問你要了，你還是還上吧。」他一遍又一遍地說：「朋友歸朋友，生意是生意。」電話掛斷後，車裡忽然很寂靜，氣氛有些尷尬。林哥自己解嘲說，他很少追債，一旦他都開口了，說明事情真的不妙了。

車窗外，夜幕低垂，燈光璀璨。街上車水馬龍，賓士車和電動三輪車混雜在一起，各色小吃、水果攤子琳琅滿目。林哥說：「義烏真的不是個生活的地方，這就是個做生意的地方。在我們老家金華，人們見面會問，晚飯吃了什麼，而在義烏，大家見面會問，你今天做了多少生意。」

卑微者最頑強

我們為什麼要到義烏來呢？二〇一八年，人們議論最多的就是中美貿易摩擦。這場貿易摩擦猶如籠罩在中國經濟上空的霧霾。如果說貿易摩擦真的會對中國經濟有致命的打擊，那麼，最先倒下的應該是像義烏這樣的出口城市。可是，義烏卻是我們看到的生命力最頑強的城市之一。

掰著指頭數一數：勞動力成本上升、原材料價格上漲、環保壓力加大、匯率波動嚴重、國內外競爭對手增多、電商橫空殺出，再加上中美貿易摩擦，義烏在過去幾年經受的產業轉型壓力，不亞於任何一個內地（包括東北地區）的城市。我們在各地調研的時候，見多了剛剛修好卻沒有車跑的公路，曾經繁華卻日漸凋敝的工業園區，外表光鮮卻無人問津的特色小鎮，店鋪紛紛撤走後空空盪盪的商場。為什麼義烏比別的城市遇到的挑戰更多，我們卻看不到義烏「陷落」呢？

當然，你在義烏也能看到從熱鬧到蕭條的場景：商鋪價格下降，前幾年一個九平方米的商鋪能賣一千三百萬元，現在只能賣出一半的價格；以前只做批發的商家，現在也開始接零售。林哥一筆單子只賣了三百個足球，但他也不會挑肥揀瘦。當地人也感覺義烏這兩年人流量少了很多，可能減少了有三分之一。

義烏最風光的日子是從二十世紀九〇年代初到二〇〇八年。那時候，客戶要揣著現金來結帳，喇叭裡喊著誰誰誰家到貨了，聽到以後再去搶就已經沒了。第一批在義烏做小商品生意的都是本地人，他們非常能吃苦，也掙到錢了。但是，他們的下一代就不怎麼願意做這些生意了，很多本地人轉為靠收租過日子，有的光靠收租一年就能收入幾十萬元。如今，在義烏做小商品生意的大部分都是像林哥這樣的外地人。

時代不一樣了，經營者也換了一茬，但義烏這座城市仍然充滿了生機。我們在著名的義烏國際商貿城參觀時，幾乎看不到空商鋪，很多店一看就是已經在這裡經營了很久。當地著名的三挺路夜市，如果有人退租，過不了幾天就會有人補上，一樣熱熱鬧鬧的。義烏是中國城市中實現「精明收縮」的少數代表，也就是說，雖然義烏的人口規模不如以前，但通過產業轉型，仍然能夠保持活力。更有意義的是，義烏之所以能夠實現「精明收縮」，不是靠政府出手救援，而是靠自下而上的力量自救。

我們一路問各個店鋪的老闆：中美貿易摩擦對你們有影響嗎？通過他們的回答可以發現，中美貿易摩擦對義烏衝擊不大。義烏生產的都是薄利多銷的日用品，再怎麼產生貿易摩擦，日子不總要過嗎？比如，全世界三分之二的聖誕節用品都來自義烏。美國家家戶戶都要用到的聖誕樹掛飾和飾燈，百分之九十以上是中國製造。沒有義烏出口的產品，美國人怕是過不好聖誕節吧。

義烏老闆是見過世面的，他們曾經比國際政治學者更準確地預測出二〇一六年川普會當選美國總統，因為他們拿到的支持川普的旗子訂單是支持希拉蕊（Hillary Clinton）的旗子訂單的十倍。那麼，川普二〇二〇年還能連任嗎？義烏老闆的預測是：川普二〇二〇年不會連任。雖然距離二〇二〇年美國大選還有兩年，但支持川普的旗子訂單已經到了。遺憾的是，現在一年的訂單數量，還不如川普上台前一個月的量。義烏老闆會告訴你，對他們影響更大的是美國對伊朗的制裁、土耳其里拉貶值。他們不僅對各國的政治局勢如數家珍，而且提前半年就知道了二〇一八年英國哈里王子和梅根王妃大婚的消息。二〇一八年的世界盃在俄羅斯舉辦，當我們還在熬夜看球的時候，義烏老闆已經在做法國冠軍紀念幣了。

這不是義烏第一次遇到挑戰。當實體行業不好幹時，也曾有義烏的企業改行做房地產、投資金融。但結果證明，在義烏的企業中，那些改行做房地產、投資金融的反而死得更快，那些堅持做實業的成了傳奇。在義烏流傳著一家吸管廠和一家拉鍊廠的故事。有一家生產吸管的企業叫雙童日用品有限公司，這家企業平均每天要生產近二億根吸管。全中國四分之三的吸管都是由這家企業生產的，它擁有全球吸管行業三分之二的專利，每年光靠賣吸管就能賺兩億元。但是，這家企業從來不追求規模擴張，甚至甘願放棄大客戶，基本不再接麥當勞、肯德基這些大企業的訂單，只專心服務小企業，比如小超市、咖啡館和奶茶連鎖店。另一家企業叫偉海集團，專門生產拉鍊，曾經是中國最大的拉鍊生產商，占據國內三分之一的拉鍊出口份額。偉海集團也曾想做成一家百年企業，但最後還是沒能抵禦做房地產的誘惑。全球金融危機沒有打垮這家企業，但房地產市場把它拖垮了。二〇一八年，偉海集團的資金鏈斷裂，資產被拍賣，企業被託管重組。義烏的企業家從中得出的共識就是：要踏踏實實做好品牌，不求做大，只求做強。在義烏幾乎找不到一家大型企業，能登上排行榜的義烏富豪也屈指可數，義烏多的是像林哥這樣的「螞蟻商人」。義烏在全球市場都赫赫有名，但它只是一個小小的縣城。這是一個低調得不能再低調的地方，吸引了一群最草根的企業家。千萬不要小看這些「螞蟻商人」：小的是美好的，小的是靈活的，小的可能是「隱形冠軍」。

中美之間的貿易摩擦對義烏的小企業有影響嗎？沒有，因為美國其實連義烏出口目的國的前十名都排不上。信貸緊縮對義烏的小企業有影響嗎？沒有，因為這些小企業原本就沒有辦法從銀行貸到款。在一次關於環保督查的座談會上，我冒冒失失地問一個小企業主：你們的日子是不是比原來更不好過了？那個小企業主瞪了我一眼：小企業什麼時候有過好過的日子？

答案有了。義烏之所以能夠具有如此強大的抗風險能力，一是因為義烏的企業更為務實，它們總是會把風險考慮進來。為什麼美國在義烏的出口目的國排名中連前十名都排不上呢？這跟生產吸管的雙童公司的決策是一樣的：哪怕你是最財大氣粗的主顧，我也不會讓自己受制於你。二是因為義烏的企業更重視分散風險。義烏的企業善於在市場的夾縫中求生存，通過強大的信息管道相互交流、高效地試錯。經濟形勢越是寒冷，義烏和全球經濟擁抱得越緊。在全球市場上，義烏商人和他們的合作夥伴形成了一個緊密聯繫的網路，就像四通八達的神經系統，能對市場上的變化迅速做出反應。三是因為義烏的企業不求天，不求地，只靠自己。這種在逆境中鍛鍊出來的生存能力才是最為強大的。

卑微者最頑強。他們最大的優勢就是從來沒有受到過重視。上天只幫助能夠自助的人。

精明收縮

擴張的城市都是相似的，收縮的城市各有各的收縮。

有的收縮城市會採取「再增長模式」。也就是說，這些城市試圖用各種辦法增加投資、吸引人口，企圖逆轉收縮趨勢。二十世紀八、九〇年代，底特律嘗試過「再增長模式」，但失敗了。雖然城市已經衰落，底特律還是一味地蓋更多的樓，修更多的路，企圖吸引更多的人口。當時，底特律市政府決定在市中心修建一套全新的公交系統，建造了一條連接各個主要網站的單程有軌電車，但由於乘客太少，一直入不敷出。二〇一三年，這座城市最終宣布破產。

有的收縮城市會出現「震盪收縮」現象。也就是說，這些城市一度看起來好像實現了產業轉型，但很快再度陷入危機。阜新是出現「震盪收縮」現象的代表城市。遼寧省阜新市曾經擁有亞洲最大的露天煤礦和亞洲最大的發電廠，但在二〇〇一年，它被國務院正式認定為全國第一個資源枯竭型城市。阜新痛切地感受到城市衰敗的根源是過分依賴礦產資源。於是，在過去十多年，阜新堅定地走上「工業興市」的發展道路，但工業也無法拯救阜新，這座東北的城市很可能再一次陷入衰退期。

只有少數收縮城市能夠實現「精明收縮」。也就是說，這些城市雖然規模收縮了，卻沒有凋敝，相反變得更有活力、更加宜居。俄亥俄州的揚斯敦曾經是美國四大鋼鐵城市之一，但其二〇一〇年的人口下降到了一九六〇年的一半。揚斯敦老老實實地承認，我們的城市在收縮，不過沒有關係，我們的目標改了，我們要做一個更好的小城市。於是，揚斯敦把很多不可能再有人住的住宅拆掉，改造成公園綠地，不再發展工業，改為吸引高科技企業，用量的收縮換來了質的提高。

根據清華大學副教授龍瀛的研究，二〇〇〇至二〇一〇年中國有一百八十個城市的人口密度在減小。首都經濟貿易大學副教授吳康注意到，從第五次人口普查到第六次人口普查期間，中國許多城市都調整了行政區畫。這些城市把周邊地區併入城區，造成人口密度下降，但這些城市實際上並沒有收縮。他剔除了進行過行政區畫調整的城市，最後發現，二〇〇七至二〇一六年，中國有八十四個城市出現了人口收縮。

義烏或許可以作為「精明收縮」的一個城市樣本。義烏之所以能夠實現「精明收縮」，是因為它保持了開放性。怎樣避免人口規模急劇縮小呢？只有靠不斷吸引更多的外來人口。怎樣才能在吸引外來人口的同時保持和諧安定的社會秩序呢？只有靠不斷地營造一種包容、自由的城市氣氛。怎樣才能以最快的速度發現潛在風險，及時轉型呢？只有靠對外開放帶來的龐大、密集的信息網路和高效、及時的回饋機制。

義烏被稱為「沒有圍牆的城市」。這裡的本地人口有六十多萬，外地人口有兩百多萬，還有兩萬多名外國人。在國際商貿城，隨處可聽到英語、法語、俄語、韓語、西班牙語、葡萄牙語等。義烏面向外國人的漢語培訓令人印象深刻。一群膚色各異的外國人坐在教室裡，跟著中國老師喊：「多少錢？」「太貴了！」「便宜點兒吧！」三挺路夜市裡也能見到很多外國人。有個外國小哥，看起來跟攤主已經很熟了，還拿竹棍幫忙頂塑膠棚，把棚上的雨水抖出去。咖啡館裡有很多中東面孔坐著抽水菸。假如有一天火星人來到義烏，義烏人的第一個想法肯定是，問問火星上有什麼生意可做。

義烏對中國的城市化進程有什麼啟發呢？義烏所經歷的收縮，是中國的城市化遲早要經歷的收縮。雖然中國目前只有不到一百個收縮城市，但是，一旦一個國家基本完成城市化進程，它的城市就會收縮，除非能吸引足夠多的移民或有足夠多的嬰兒出生來平衡死亡人數。日本、俄羅斯和韓國都已經遇到這種嚴峻的挑戰。聯合國預估中國的城市人口將在二〇五〇年出現下降。很快，中國也會經歷這一切：各個城市會激烈地爭奪不斷減少的人口。到那個時候，中國的各個城市能不能保持足夠的開放性，將是關係到它們興衰成敗的最關鍵因素。

義烏是中國最包容、全球化色彩最濃厚的城市。這種開放性有助於義烏順利地實現「精明收縮」。但是，影響未來的因素不僅僅是全球化，我們不能忘記技術變革的作用。在技術變革的時代，一個城市如果想要保持活力，就必須有源源不斷的創造力。我們會關注創造力的一個方面：與美好生活有關的創造力。

我們的下一站是上海。

DNA Café

兩杯飲料被送到桌子上時，我的研究助理發出了一聲驚叫。她馬上拿出手機，對著自己的那杯飲料拍照。

她的那杯飲料是花語杯。杯套一半是粉色，一半是綠色，杯子上面是一團綻放的鮮花，有大麗花、玫瑰、石竹，還搭配著一些別緻的綠色植物，淡濃相宜。一根金屬色的吸管從花叢中伸出來。這是一杯帶果香味的特調蘇打飲品。我點的是一杯曼特寧手沖咖啡，端上來的是浩浩蕩蕩的「四件套」：黃銅色尖嘴長柄土耳其小壺、盛牛奶的弧形玻璃杯、圓錐形玻璃咖啡杯，一碟白色的砂糖上點綴著綠色的薄荷葉。用土耳其壺盛放手沖咖啡，據說是歐洲最傳統的給客人煮咖啡的方式。

DNA Café的創始人王柯翔坐在我們的對面，他得意地笑了。

王柯翔說：現在的年輕人已經不願意去逛街了，他們更像是「探索者」。他們要是買日常用品，就到樓下的超市，或是在網上下單。但是，他們會為了新奇的體驗專程出來探索，然後拍照發朋友圈，這對商家來說就是免費的行銷。

怎樣才能吸引年輕人來「探索消費」呢？王柯翔把年輕人「探索消費」分為四個場景：消費前是好奇、看見後是驚喜、消費中是高潮、消費後有回味。好奇就會尋找，驚喜就會拍照，高潮就會給好評，回味就會推薦——不，用年輕人的話講，這叫「種草」。一個消費者發自肺腑的讚美，能夠在更多消費者心中種下瘋狂生長的購買欲的草種。

東亞的年輕人更習慣這種「探索消費」。「網紅店」流行的原因正在於此。麵包界的新晉網紅是髒髒包，髒髒包就是在牛角包的酥皮上澆一層巧克力，再撒上巧克力粉，看起來髒兮兮，吃完手上臉上也髒兮兮。二〇一八年還流行一種椰子灰冰淇淋，其實就是椰子口味的

DNA Café的「花語杯」(圖片來源:DNA Café & More)。

冰淇淋，只不過把奶油做成了灰色的，被商家標榜為冰淇淋界的「髒髒包」。粉絲效應、排隊消費在年輕人中盛行。比如，時興的奶茶店門口總是排著長隊，這在歐美地區很少能見到。王柯翔說，這是因為歐美地區的生活方式已趨穩定，消費者缺乏新奇感，而東亞經濟剛剛興起，年輕人對新奇的事物格外缺乏抵抗力。

王柯翔二〇〇五年從英國林肯大學城市設計專業碩士畢業，二〇〇七年回國，二〇一五年在上海老碼頭開了第一家DNA Café。DNA Café其實不只是一家咖啡店，他們賣的不只是咖啡，更是「新奇場景」。DNA Café的準確名字是DNA Café & More，之所以要加一個More，就是因為他們希望做成一個開放的舞台。咖啡店是幫助消費者記住DNA Café & More的一個「記憶點」，到這裡之後，他們就能接觸到各種各樣的新奇事物。這裡有賣花的、有放電影的，還有做燒烤的。DNA Café致力於打造一個小小的創業生態系統。

他們利用自己做場景的優勢幫助每一個加盟的創業者，每一個加盟的創業者也要想辦法給整個生態系統貢獻流量。這是一個快速演化的小生態系統，王柯翔對每個加盟夥伴的要求是，在六個月內必須看到人氣和利潤的大幅上升。

王柯翔稱自己想做的事情是幫助內容創新者找到消費者。這麼多年輕人想創業，事實上，找到內容創新者並不難，難在找到消費者。好消息是，現在的大企業也懂得跟著年輕人走了，它們做線下行銷時不再只是包五星級酒店的場地，DNA Café這種年輕化的創意場景更能吸引人。王柯翔說，一開始是一些創新企業到他們的店裡做活動，後來，一些傳統的製造業企業，比如雷克薩斯、聯想和三星也來了。萬代遊戲過去不屑於做線下推廣，如今也在和DNA Café合作。他們還曾和皇家加勒比合作過，這家郵輪公司把整個咖啡店都布置成了郵輪主題。

場景並不僅僅局限於咖啡店裡。咖啡店的空間是有限的，但場景的想像力是無限的。DNA Café還送咖啡，比如，他們給復星集團送咖啡。

我問王柯翔：「星巴克也送咖啡啊。還有一家新興的創業企業，投入鉅資跟星巴克競爭，設計了一個很像洗手液品牌的Logo，起了個很像房地產公司的名字，叫瑞幸。瑞幸也主打咖啡外賣。你為什麼要跟它們競爭呢？」

王柯翔說：「我們賣的其實不只是咖啡。我們會準備一份很漂亮的下午茶套餐，有咖啡、牛角包、甜品，還有鮮花。如果每個人都只端著一杯咖啡，那就是正襟危坐開會的嚴肅氛圍，那是傳統的企業管理風格。如今，公司裡女性員工越來越多，年輕人越來越多，企業管理層裡女性的比例也越來越高。你想想，如果一群女性走進會場，看到這樣高顏值的下午茶，一個個發出讚嘆，你要是公司的高管，還能再像往常那樣繃著臉嗎？我們其實是用高顏值的下午茶幫助企業『微團建』。我們用美好的東西軟化了管理介面。」

王柯翔說，過去的管理者像是小學老師，學生聽你的話是因為你能訓斥他們，現在的管理者像是幼稚園老師，孩子們喜歡你是因為你能帶他們一起玩兒。

在一個越來越平等的社會裡，顏值的話語權將超過權威。一杯襯著鮮花的咖啡，就足以融化等級制度的冰山。

顏值革命

中國的城市正在爆發一場「顏值革命」。

在清華大學建築學院副教授周榕看來，這是必然要發生的。周榕有一個非常大膽的預測。他說：城市正在從碳基城市轉變為矽基城市。碳基空間是跟人類的身體息息相關的實體物理空間，矽基空間則是網際網路世界。矽基空間具有虛擬、運算、共享的優勢。最初網際網路依託城市發展，網際網路崛起之後，會讓城市出現巨大的轉變。周榕說：「矽基文明開始崛起的時代，網際網路就是新的城市，而城市就是曾經的鄉村，再戀戀不捨，也必須勇敢地踏入矽基空間。因為，它就在那裡。」[6]

網際網路會怎樣改變城市呢？

有一些人預言，未來將會出現智慧城市。網際網路會將城市織進一個密不透風的信息網路。你到酒店入住不需要刷身分證，直接刷臉就行。所有的車輛都將實現自動駕駛，並被納入共享出行平台。城市的每一個角落都有各式各樣的感測器、攝像頭，它們每時每刻都在收集空氣質量、噪聲水平、人流車流等信息，城市的管理將完全基於數位化、智慧化。

遺憾的是，類似這樣的雄心勃勃的智慧城市項目並沒有給人們帶來更多的幸福感，反而引起了人們對資料管理和隱私問題的擔憂。大數據並不是時刻盯著你的「老大哥」，網際網路只是一個網路，這個網路在更多的時候會充當一個助推器，讓各種人群的自發活動成為可能。網際網路會顛覆傳統的城市空間概念，引發各種小而美的創新活動。

比如，原本在城市黃金地段的步行街和商業中心開始衰落。北京金融街購物中心雖然地處最核心的地段，但每天的顧客都稀稀落落。在其他的城市也能看到同樣的場景。長沙黃興南路步行街，湘潭、株洲步行街都已陷入困境。脫口秀節目主持人王自健曾在他的節目裡發問，為什麼每座城市都有一條本地人不去的步行街，本地人都去哪裡啦？他自己回答說，本地人都在另外一座城市的步行街上。

這是因為受到網上購物的衝擊嗎？並非如此。線上的流量已經變得越來越昂貴，未來的流量是線上下，城市的核心流量應該就在購物中心和沿街店鋪。購物中心能夠接納各種各樣的顧客，對顧客的消費水平和客戶畫像有更精準的把握，理應成為各種面向消費者的企業爭

6 參見周榕的得到大師課「網際網路文明怎樣改變城市」。

奪的流量入口。你會看到，越來越多的企業把展銷活動放在購物中心的大堂。街道是人們每天都要路過的，沿街店鋪更能獲得人們的注意力，因此具有更大的投資價值。但是，為什麼很多城市街區，甚至是城市中心地帶不如以前熱鬧了呢？

這是因為它們沒有顏值。沒有顏值的原因不是它們的建築不夠宏偉、設施不夠先進，而是它們太過於生硬和冰冷，沒有那種奪人心魄的魅力。你有沒有這樣的體會：在裝修得極為高檔的購物中心逛了半天，走累了，卻找不到一個可以坐下來休息的地方；在寬闊的大馬路上行走，兩邊全是巍峨氣派的地標性建築，口渴了，卻不知道到哪裡能找個小店買一瓶礦泉水。城市中心地區的很多菜市場不知不覺都被拆掉了。你早起時有沒有遇見過比你起得更早、天不亮就坐車到城外買新鮮蔬菜的老頭兒老太太？

顏值主要看氣質，而這種氣質來源於內心裡對生活的熱愛。過去，城市的空間都遵循著一種刻板的等級秩序，在這種等級秩序中，你很難找到讓你怦然心動的美好事物。城市原本有著嚴格的空間秩序，中心區是中心區，周邊區是周邊區。沿街是旺地，內街小巷是死角。「位置、位置、位置」一直被稱為房地產的「金律」。網際網路出現之後，這種傳統的空間秩序一下子被打亂。在中心區裝修豪華的沿街鋪面可能無人問津，犄角旮旯的內街小巷裡也可能冒出一個生意爆棚的小店。過去在郊區幾近荒棄的別墅，現在也突然多了很多生活氣息。這些別墅搖身一變，成了民宿、美容院、小茶館、培訓班、藝術工作室。

這些新興的偏僻小店是怎樣吸引顧客的呢?人們是在朋友圈裡看到別人曬出來的店面照片,或是在大眾點評網上搜索到這些店的。人們可以用滴滴叫車,或是坐地鐵、騎共享單車摸進小巷。找不到方向?那是不可能的,每個人的手機裡都有GPS定位的地圖導航。

在網際網路時代,每一個人、每一家店都有成為網紅的同等的機會。再回到我們在第一章裡講到的小趨勢。如今,小眾才是主流。不同的人群有不同的審美觀,你不能用一種統一的標準定義,但你可以遵循一條清晰的主線去尋找:越是在自下而上的力量得到尊重、得到賦能的地方,對顏值的追求就越強烈,美好的東西就越容易受到追捧,就越容易在混亂中湧現出秩序。

那麼,沿著這條主線去尋找,什麼樣的城市更容易在這場顏值革命中獲益?一個城市裡的哪些區域更容易在這場「顏值革命」中獲益?

高和資本的董事長蘇鑫專門致力於城市更新。在他看來,上海的機會比北京更多。從城市體驗和宜居性來看,上海本來就優於北京。他打開自己手機上的百度地圖給我看,在一個很小的區域內密密麻麻地分布有一百多個「點」,這都是他和客戶或者同事相約談事的地方,而在北京這樣的選擇很少,以星巴克、咖世家為主的連鎖咖啡店太吵,不適宜交談,個性化、較安靜的咖啡館又往往找不到合適的地方「落腳」。上海的街道更加狹窄,走在街道一邊可以清楚地看到對面的商鋪。因此,上海的商鋪是能夠服務於街道雙向的行人的。北京呢？過一條主馬路比登山還難。有家奶茶店叫「一點點」，在上海、杭州等地非常火爆，在上海開了三百家分店，但在北京就是做不起來，只開了五家分店，原因可能就是和北京沿街商鋪不發達有關。

一個城市中的老城、舊城和城中村可能更容易在這場「顏值革命」中獲益。網際網路會減少它們在硬體上的劣勢，通過技術為這些生活氣息更加濃郁的地方賦能。這些地方就像菜市場一樣，看起來混亂，其實更有秩序。這種秩序不是城市規畫師規畫出來的，而是普通的居民在日常生活中創造出來的。

我來告訴你幾個在最意想不到的地方出現的美。何志森帶著我們去看一個居民社區邊上的街心花園。那個街心花園真小啊，連個跳廣場舞的地方都沒有。這個街心花園的常客是一群坐在輪椅上的老年人，他們沒有別的事情可幹，就坐在那裡看來來往往的行人。何志森的學生在花園裡的榕樹上掛了很多彩帶。這些普普通通、五顏六色的彩帶隨風起舞，上下飄動，老人們出神地望著這些彩帶。幾根彩帶，就能給寂寞的老年生活增添一絲亮色。

有一次，我在北京坐計程車。計程車司機跟我聊天，先是抱怨外地人不好，「該回哪兒回哪兒去啊，全走了北京就清靜了」。停了一會兒，他又接著抱怨：「最近菜市場也不知道都搬哪兒去了，我都得開車到城外買菜。」北京沒有菜市場了嗎？有。我一直跑到五環以外，在北京東南角的亦莊找到了一個不大的菜市場。菜市場的地面用水泥鋪就，高低不平，有些地方還鋪著碎石子，每個攤位上都搭著紅色的頂棚。市場雖小，貨品卻十分豐富，賣菜的、賣肉的、賣日常用品的。來買東西的大多是老人家。一個賣下水道疏通劑的攤主繪聲繪色地給前來圍觀的老人講解產品的優點和用法，賣電動剃鬚刀的攤主則熱情地給一個老人刮了鬍子，並且詢問他的使用感受。隔著一條馬路就是一家超市，但超市裡就蕭條很多。在超市買東西也不方便，不管你是買一把雞毛菜還是買幾根蔥，都得和買了一堆日用品的人一起在結帳處排隊等候。這個超市存在的最大價值是，菜市場裡的商販和顧客一旦有急，都來超市一樓的廁所方便。一個簡陋的菜市場，就能給周圍居民的日常生活帶來便利。

那麼，我們會看到這種自下而上的力量找到適宜成長的土壤嗎？我是比較樂觀的。

如果還是過去的城市化思路，我們是樂觀不起來的。很多城市主政者、城市規畫者都不喜歡老城、舊城和城中村，因為這些地方看起來混亂無序。他們喜歡把城中村一拆了之，用嶄新的高樓替換原有的社區。這種改造模式割裂了居民和原來的生活空間的聯繫。熟人社會被摧毀之後，甚至會出現人性的倒退。比如，有的農民搬到回遷樓之後找不到地方燒紙錢，就在馬路上燒，還有個別農民拿到拆遷款不知道怎麼花，賭博輸光了就騎摩托車去搶劫。

但是，城市主政者和規畫者的理念也在慢慢地改變。一個有意思的現象是，雖然城市規畫者大多偏愛鋼筋水泥結構的現代化建築，但他們也慢慢地學會了在城市裡建濕地公園，並逐漸意識到，看似平淡無奇、原始風貌的濕地，其實是生態系統中的重要組成部分。城市中的濕地公園可以保護物種多樣性，保護水源，淨化水質，調整二氧化碳的比例，改善周邊的氣候環境。這種觀念的轉變給了我們一點兒信心。我們希望，城市主政者和規畫者很快也能意識到：一個城市中的老城、舊城和城中村蘊含著一種持續演進、自我繁殖、自我更新的能量，它們也是保護城市發展的「濕地」。

在廣州的時候，我們去了天河區珠江新城的獵德花園。這裡原來是獵德村，拆遷後變為占地八千平方米的獵德花園社區。原來村裡的宗祠也在社區西側被重建，有李氏宗祠、梁氏宗祠、麥氏宗祠。雖然重建的宗祠很新，門前的場地很開闊，但沒有任何板凳之類的可以供人們坐著休息或者聚在一起聊天的地方。這個社區的綠化做得很好，每幾棟樓封閉在一起管理，到處都是綠化帶和鐵柵欄。北側出來不遠處有一個街心花園，應該是設計給社區居民散步或跳廣場舞用的，但它離居住區太遠了，如果老人腿腳不便，可能很難走到這邊來。

距離獵德花園不遠，還有一個叫作南雅苑的社區。這是個典型的還沒有拆遷的城中村。樓房看起來有點老，樹木長得很高大。社區裡隨處可見長椅，買菜回來的一對老人拉著手坐在一起歇腳。居民樓的一層開著各種小店，有送水站、牙科診所、理髮店、服裝店、會計培訓班等。社區裡有一家手工皮包製作店，牆上掛著各種各樣的工具，兩個妙齡女子正在店裡學習製作皮包。還有一個擺滿了書架的美容店，名字非常新潮，叫「時光交易所」。在一個拐角處，開了一家咖啡店，原木色調裝修，一個看起來有點像張國榮的男孩坐在露天的陽台上，守著一杯咖啡發呆。

人為拆遷的新城就像被移植的大樹，自我更新的老城才是生生不息的森林。移植的大樹會被颱風颳倒，扎根鄉土的大樹則枝繁葉茂。無數個像南雅苑一樣的社區，沒有受到關注，也沒有受到干擾，春日葳蕤，秋季皎潔，它們一直在靜靜地生長。

永遠不要低估人民群眾自己創造美好生活的能力。

自上而下和自下而上

中國過去的城市化是自上而下、飛速發展的，
這一模式已經不可持續，自下而上的力量浮出水面。

單核城市和多核城市

過去的城市是單核城市，未來的城市是多核城市。
多核城市是一種新的城市物種，未來的都市圈都是組合城市，
都是多核城市。

收縮城市

二〇〇七至二〇一六年，
中國有八十四個城市出現了人口收縮。
只有那些保持開放性的城市，
才能更好地實現「精明收縮」。

城市顏值革命

網際網路會引發各種小而美的創新。
一個城市中的老城、舊城和城中村可能更容易在這場「顏值革命」中獲益。
它們蘊含著一種持續演進、自我繁殖、自我更新的能量，
它們也是保護城市發展的「濕地」。

格萊澤悖論

隨著長距離運輸成本下降，**接近性**的價值反而上升。
意味著，隨著城市一體化程度提高，城際之間的人流和物流會變得更加暢通，
但城市居民的生活半徑會縮小。

碳基城市和矽基城市

最初網際網路依託城市發展，網際網路崛起之後，
會讓城市出現巨大的轉變。
城市的空間格局出現了巨大變化，「位置、位置、位置」的房地產「金律」不再適用。

第五章　阿那亞和范家小學

二〇一八年，我們聽到了很多負面的社會新聞：米脂殺人、衡陽撞車、高鐵霸座……這個社會變得越來越糟糕了嗎？其實這是一種誤解。雖然從表面上看，有些人只關心自我私利，但大家對集體生活的嚮往並沒有泯滅。中國人已經意識到，只有重建集體生活，才能更好地發現自我。我看到的第五個變量就是：重建社群。有哪些地方的人們正在「凝結」起來，形成新的社群？這些新的社群只是孤島，還是將成為群島？培養孩子也需要一個社群。我會帶你到一所偏僻的農村小學看看。二〇一八年，我找到的中國教育理念最先進的小學不是北京或上海的名校，而是山區裡的一所農村小學。你不必吃驚，社會發展的劇情經常會有令人意想不到的轉變。

托克維爾在阿那亞

一八三〇年，二十五歲的法國貴族青年阿勒克西・德・托克維爾（Alexis-Charles-Henri Clérel de Tocqueville, 1805-1859）萌生去意。這一年，法國爆發了七月革命，復辟的波旁王朝（Maison de Bourbon）被推翻，奧爾良公爵路易・菲利普二世（Louis Philippe II, 1747-1793）加冕為法國國王。托克維爾對路易・菲利普二世充滿了厭惡。他後來在《托克維爾回憶錄》（*Souvenirs*）裡寫道，路易・菲利普二世「自己沒有信仰，也不相信任何人有信仰……其缺陷與他所處的時代有著同一性，他就是使得疾病成為不治之症的災難」。[1]他說，這位「長著一顆鴨梨腦袋的國王」「像經營一間雜貨鋪一樣管理國家」。

托克維爾實在不願意伺候這樣一位國王。他和一位好友古斯塔夫・德・博蒙商議，要找個藉口暫時離開法國。他們兩個當時都在法國的司法系統做基層職員，於是，他們給上司打報告，說是要自費去美國調查監獄制度。

一八三一年五月八日，托克維爾和博蒙從船上看見了美國的國土，他們興奮得睡不著覺。在羅德島上岸的第一天，他們先睡了一整天，然後才開始在美國旅行。從那天起，到一八三二年二月二十日離開美國，他們用了九個月的時間走遍了當時美國的大部分國土。回國之後，托克維爾辭去了公職。一八三四年，根據自己的調查，年僅二十九歲的法國思想家托克維爾寫出了名著——《論美國的民主》（*De la démocratie en Amérique*）。[2]

作為一名法國人，托克維爾對美國的一切都感到好奇。當時的法國就像是個失敗的政治試驗場。一七八九年的法國大革命並沒有帶來真正的民主，從平民皇帝拿破崙執政，到波旁王朝復辟，再到路易・菲利普二世上台，法國變得越來越專制，法國人變得越來越自私。托克維爾在美國看到的卻是一群樂觀自信的人。

托克維爾發現，美國人特別喜歡一起做事。不管是想要拯救世界的大事，還是打獵喝酒的小事，美國人都會組織一個社團或俱樂部。他們不關心抽象的政治理念，但熱中於小社區裡的公共活動。托克維爾認為，正是這樣的實踐使美國人更容易超越狹隘的個人私利。他說：「如果讓公民多管小事而少操心大事，他們反而會關心公益，並感到必須不斷地互相協力去實現公益。」

我們可以把這稱作「托克維爾定律」。我理解的「托克維爾定律」是說：我們必須建立一種社群生活，才能更好地發現自我；只有當人們在公共生活中學會如何彼此相處，一個社

1 托克維爾（Alexis-Charles-Henri Clérel de Tocqueville）著，董果良譯，《托克維爾回憶錄》（*Souvenirs*）（北京：商務印書館，二〇一〇）。

2 托克維爾（Alexis-Charles-Henri Clérel de Tocqueville）著，曹冬雪譯，《論美國的民主》（*De la démocratie en Amérique*）（南京：譯林，二〇一〇）。

會才能更加平等、和諧。

托克維爾的《論美國的民主》是用法語寫的，他是寫給法國人看的，沒有想到卻受到美國人的熱捧。美國人覺得這是一本剖析美國國民性格的「聖經」。這一切都歸功於托克維爾作為一名外國人敏銳的觀察力。

我們來做個思想實驗吧。假如托克維爾到了二〇一八年的中國，他會到哪裡觀察中國的社群生活？

請你和我一起進入一段假想的思想之旅。我將和托克維爾一起去拜訪北戴河海邊的一個樓盤——阿那亞。

我和托克維爾之所以要去阿那亞，是陽光100的副總裁范小沖提供的線索。范小沖是房地產行業的老兵，他不斷地說：房地產行業已經進入了下半場，過去的野蠻生長、翻雲覆雨的遊戲已經無法再玩了。他還告訴我們，年輕人和老年人對居住的需求不一樣。老年人對房子更挑剔，遇到雞毛蒜皮的事情，他們首先想到的就是維權，動不動就要打倒奸商。年輕人則會意識到自己和房地產商的利益是一致的，都想讓房產增值，他們會提出更多建設性的意見，他們更重視互動，會自發形成社群。

我們該到哪裡尋找這樣的社群呢？

范小沖沉思了一下，說：「你們可以去阿那亞看看，反正也不遠，就在北戴河海邊。阿那亞是一個靠社群運營起死回生的樓盤，它本來是個爛尾樓，但現在它的銷售額已經占全秦皇島的百分之八十了。」

我和托克維爾一起從嘈雜的北京南站坐火車到北戴河。

八月正是海濱度假的高峰。北戴河火車站擁擠混亂。車站前面的草地上有個小男孩若無其事地褪下短褲，撩起背心，一邊撒尿一邊欣賞人流。我感到有點臉紅，但托克維爾興致很高。一路上我們看到的都是低矮破舊的路邊店鋪。阿那亞門口的保安和其他社區的保安一樣漫不經心。我們下榻在阿那亞社區裡的安瀾酒店，登記住房的人不多，但我們等了很長時間。酒店大堂裡放了三排書架，托克維爾抽出一本厚厚的書，是《梵文語法》。我們在海邊散步，沙灘上有一座孤零零的圖書館，這就是著名的孤獨圖書館。進去看書的人很少，坐在門口倒鞋裡沙子的人很多。我看到圖書館裡被翻得最爛的一本書是《我還是相信愛情吧，萬一遇見了呢？》。孤獨圖書館的旁邊有一座海邊禮堂，托克維爾很感興趣，但裡面空空如也，並不是他想像中的教堂。在孤獨圖書館的對面，是一排像巨型樂高積木一樣的淺褐色小樓，看起來樣子醜極了。

我們該從哪裡開始調查呢？我們信步走進一個剛建好的菜市場。菜市場很小，賣的東西很貴，不是我在廣州看到的那種小販賣菜的菜市場。這個菜市場有兩扇玻璃門，上面寫著汪曾祺、古龍寫的關於菜市場的「名人名言」。我猶豫了一下，問托克維爾：「我們從這裡開始？」

托克維爾搖了搖頭。他拉住一個業主問：「哪裡有咖啡館？」那位業主說：「有一個，名字我不記得了，是拉丁文的，但我們都叫它街角咖啡館，因為它就在街角。」

街角咖啡館

咖啡館不難找到，但名字不是拉丁文。這家咖啡館叫Hercules，是希臘神話中的大力士海克力士的名字。這家咖啡館的裝修風格是粗獷的工業風，牆壁用褐色的木板包了起來，窗台上擺著黑色的鐵藝書架。咖啡館老闆娘留著短髮，皮膚白皙，上身穿著一件在街對面的買手店淘到的紅白道相間的T恤，下身穿著短褲。

咖啡館老闆娘是重慶人，原來在外企工作，她的夢想就是退休之後在海邊開個咖啡店。二〇一五年，她來阿那亞玩，無意中發現了這家咖啡館，就盤了下來。當時，這家咖啡館冷冷清清，一直虧損，只有售樓部的工作人員偶爾帶客戶過來喝個咖啡。老闆娘自己很滿意，她說，這等於提前實現了自己的夢想。

托克維爾選擇咖啡館是有道理的。城裡的咖啡館，比如星巴克，是一群孤獨的人心照不宣地在一起裝酷的地方，坐在星巴克喝咖啡的人像一棵棵樹，矜持地彼此保持距離。而在阿那亞，咖啡館是供街坊交流的地方，在這裡能看到生活、看到故事，人們之間會建立微妙的信任。很多業主回來之後，都會到街角咖啡館坐一坐。老闆娘喜歡這種氛圍，她喜歡鄰居們在自己的店裡辦畫展、攝影展。不談文藝的時候，聊聊八卦也是很開心的事情。說來奇怪，來這裡的人都會敞開心扉地講自己的故事。咖啡館裡沒有大事，但無數的小事熙熙攘攘、互相碰撞，就產生了微妙的信任。週末店裡人多，有時候忙不過來，有些鄰居就會直接過來幫老闆娘洗盤子、沖咖啡、上菜。鄰居們還會把房子的密碼告訴她，以防有什麼突發事件。老闆娘已經有十多個鄰居的房子密碼了。有的父母要出去玩，就把孩子寄存在咖啡館裡。老闆娘忙裡忙外，孩子們趴在一起畫畫。老闆娘湊過去看，發現從北京來的孩子紙上畫的是植物大戰殭屍，而在阿那亞長大的孩子畫的是藍天大海。

「有沒有父母把孩子忘在這裡的？」

「有，當然有了。有的父母心真大，到時候還不來接孩子，一打電話，說把這事忘了，自己到餐廳吃飯去了。他們還會說，請你把孩子給我們送過來吧。」

在北京的時候，老闆娘工作壓力大，一天下來整個人都累散架了，脾氣非常暴躁。到了阿那亞，生活的節奏一下子慢了下來。老闆娘每天九點上班，下午人少的時候就去練琴，她的「小夢想」是把每一種樂器都練一遍，到時候和幾個朋友一起演奏，彈完鋼琴就敲架子鼓，敲完架子鼓就彈吉他，那該多酷啊！下午也是健身的時間，老闆娘在社區健身房辦了卡。如果忙起來沒時間去，教練會直接到咖啡館「抓」她。旺季時，老闆娘也堅持晚上八點鐘打烊，雖然多幹兩個小時可能比平時一天的收入都多。淡季人少的時候，老闆娘會到孤獨圖書館看書。冬天海面結冰了，她喜歡到海邊走走。

在阿那亞，你會忽然發現，原來打發時間也是一件需要學習的事情。

第二人生

我和托克維爾幾乎一整天都坐在咖啡館裡，採訪了不同的人：阿那亞業主微信群的群主「孟姊姊」、攝影師「船長」、詩社社長、「寶兒爺」、阿那亞特有的DO（夢想組織者）玉潔、家史計畫負責人昕姊、社區的管家、保安等。

大概可以給阿那亞的業主做個畫像：百分之九十五的購房者都是北京人，這是一個「移民社會」；最早來買房的大多是六〇後和七〇後，年紀在四十至五十五歲，後來才慢慢地有更年輕的八〇後來買房，也就是說，這個社區其實是個中年人社區，並不是青年人社區；雖然這裡的業主經濟狀況普遍不錯，但看不出非常有錢的，社區裡面幾乎看不到極其炫耀的豪車；業主喜歡把阿那亞叫作「阿村」，他們自稱「村民」，每個人都會講一段和阿那亞「一見鍾情」的故事；他們大多平時住在北京，週末或假期回來；雖然社區新開了一個小門，但有

暮色中的阿那亞海邊禮堂（圖片來源：船長大人）。

的業主仍然喜歡繞遠道從正門進來，因為「看到門口『阿那亞』那幾個字就會激動」。他們都勸我和托克維爾趕緊在這裡買房，理由是：在這裡，美好的東西會被放大。

你在阿那亞可以有很多豐富多彩的活動，從容不迫地消磨時光。你可以在海邊的酒吧裡點一杯啤酒，舒舒服服地蜷在椅子上聽樂隊演出，也可以用自家小院裡杏樹上的果實做杏子醬；可以約上朋友一起踢足球、跑步，也可以參加話劇社的排練，等到過年的時候給鄰居們做彙報演出；可以和孩子們一起參加時裝走秀，也可以帶著爸爸媽媽盛裝出席馬術表演。

托克維爾面前的咖啡基本沒動，他靜靜地聽著。他問了所有的業主一個同樣的問題：「這些活動大多也可以在北京做，為什麼你們一定要來阿那亞呢?」

阿那亞的村民告訴我們:「重要的是跟誰一起玩。」阿那亞的鄰居們彼此之間更認同,關係更親密。阿那亞可以提供適合一家人休閒的活動,各玩各的,都很放鬆。

托克維爾不動聲色,但他輕輕地搖著頭。顯然,這樣的答案沒有說服他。論親密關係,鄰居不可能比得過同事、同學。要說一家人出來玩,好一些的酒店同樣可以提供這樣的服務。就算是想到海邊玩帆板之類的活動,阿那亞的周圍也有別的樓盤,圈起來一樣有私家海灘。

我跟托克維爾說:「有一種東西叫電腦遊戲,我玩過一個非常經典的電腦遊戲,叫《第二人生》——呃,回頭有時間我教你玩。玩家在《第二人生》裡可以買房子,交朋友,做生意,到處旅行,也可以去賭場廝混。跟你問的問題一樣,這些玩家在遊戲裡做的事情,在現實生活中也能做,我們能不能把這稱作『第二人生』呢?」

托克維爾說:「你再講得詳細一些。」

我說:「阿那亞的村民大多有自己的『第一人生』,他們到阿那亞是為了過自己的『第二人生』。對他們來說,『第一人生』和『第二人生』都是不可或缺的。沒有『第一人生』,他們就賺不到錢,就無法支撐他們的『第二人生』。沒有『第二人生』,他們又會覺得『第一人生』太枯燥,所以『第二人生』是用來滋養『第一人生』的。你看跟我們聊過的一位女業主，她在北京是個公務員，到阿那亞買了兩套房，一套自己住，一套用來做民宿。你可以想像得出來，在辦事櫃檯後面的她和做民宿的她有多麼不一樣。你再看那些參加話劇社的女業主，她們都有上台表演的小欲望，但在『第一人生』中找不到這樣的機會。阿那亞幫她們請專業的老師，幫她們排練，演出的時候鄰居們會過來捧場，一車一車的鮮花拉進來，送給她們。這種感覺是在『第一人生』中找不到的啊。」

從雲到雨

托克維爾緩緩地說：「你講的這些我並不是很了解。但是，你知道我在《論美國的民主》中講過，美國人都是移民，他們是從歐洲，主要是從英國移民過來的。阿那亞村民也是移民，他們是從北京移民過來的。移民社會是生來平等的，而不是通過努力變得平等的。你一定記得，我說過，平等是一種不可抗拒的歷史潮流。當然，平等社會有它的好處，也有它的不足。但是，我們在阿那亞看到的就是一個平等社會。」

他用手指著窗外的人群：「儀錶既是天生具有的，又是後天獲得的。儀錶是民情的基礎。你要學會觀察。你可以明顯地看出來阿那亞旅遊的遊客和業主的不同：業主穿著更隨意，但也更得體，沒有裸露上身或是穿奇裝異服的；遊客走路很急，總是皺著眉頭，但業主不會。」

他喝了一口咖啡。咖啡已經放涼了，他並沒有介意：「你也能注意到，通過與阿那亞村民的談話可以看出，他們對物質生活享受有特殊的愛好。他們追求的是及時行樂，但不是紙醉金迷。他們只求無數的小願望得到滿足，當然，這對社會秩序是有幫助的。為了滿足這種愛好，需要建立安定和諧的社會秩序。良好的民情有利於社會的安定，也有助於實業的發展。這是一種溫存的唯物主義，它不會腐蝕人們的靈魂，而會淨化人們的靈魂，在不知不覺中使一切的精神緊張得到緩和。」

托克維爾接著說：「我在美國的時候看到，美國人幹什麼事情都不喜歡單槍匹馬，而是喜歡組成社團。最初，當我聽說美國有十萬人宣誓不喝烈酒的時候，我以為是在開玩笑，沒想到是真的。他們的行動宛如一個大人物穿上一身樸素的衣服，以引導民眾戒除奢華。這是我在美國悟出的一個道理：利己主義是一種盲目的本能，可以使一切美德的幼芽枯死，它還是一種古老的惡習，很難根除。人只有在相互作用下，才能使自己的情感和思想煥然一新，才能開闊自己的胸懷，發揮自己的才智。你也可以把它理解為：只有社群活動才能抑制利己主義。」

他轉動著咖啡杯，陷入了沉思：「但我不能理解的是，為什麼這個社區只有五、六年的時間，就出現了這樣的一種氛圍？天空中形成雲很容易，但是，從雲變成雨是一件難以解釋

阿那亞的風箏衝浪（圖片來源：船長大人）。

的神祕事件。」

我總算有插話的機會了：「從雲到雨的科學原理是一位比您小三十多歲的蘇格蘭科學家約翰・艾特肯在一八八〇年發現的。雲裡面含有水氣，這些水氣只有遇到了塵粒才能凝結成水滴。這些塵粒被稱作凝結核。」

托克維爾眉頭舒展，喜形於色：「這就對了。形成一個社群，需要有活躍人物充當『凝結核』，才能實現從雲到雨的轉變。那些業主提到的那個開發商——」

我說：「馬寅。」

托克維爾的語速變快了：「對，馬寅就是一個凝結核，他手下那些很能幹的運營團隊就是凝結核，跟我們聊天的那幾位熱心人士，像詩社社長、『孟姊姊』，也都是凝結核。當年，來自新英格蘭的移民因為到了一個北美最貧瘠的地方，而且是在快要入冬的時候到達的，所以他們不得不合作。阿那亞村民也說過，馬寅接手這個樓盤的時候，這個樓盤根本賣不動，因為房屋質量差，不好賣房才賣情懷，一不小心種出了一個獨特的社區。但是，只靠馬寅是不行的。像那個詩社社長，原來是北京的一名法官，專門管『民告官』，但他總是勸大家不能一有分歧就走法律路徑，而是要學會協商。他們這群人是房地產商和業主之間的『中間人』。」

托克維爾望著我的眼睛：「掌握公共生活的技能是需要學習的。你要問我怎麼看，為什麼他們都願意到阿那亞，我的回答是：他們其實是付費進入了一所大學，這所大學在北美移民者那裡是免費的，但在阿那亞是要付錢的，而且要付一大筆錢。」他大聲笑了起來。

重建社群

離開阿那亞，我又飛到福建省泉州市，從這裡坐車一個小時左右就到了惠安縣的聚龍小鎮。聚龍小鎮和阿那亞、成都的麓湖生態城、杭州的萬科良渚文化村被房地產界並稱「四大神盤」，但這裡看起來跟阿那亞迥然不同。

阿那亞的老闆馬寅是北京大學EMBA（高級管理人員工商管理碩士）畢業，他是房地產界的風雲人物，非常注重市場行銷。阿那亞社區的品牌管理專門外包給了一家傳播公司，

《三聯生活週刊》總編、《中國新聞週刊》副主編都是這家傳播公司的合夥人，他們也都是阿那亞的業主。而聚龍小鎮的老闆以前是個石匠，他最早在西藏參與過布達拉宮前的廣場改造，因為工作質量和效率都很高，受到地方政府歡迎，接了很多專案，從此發家。他文化程度不高，為人非常低調，不愛接受採訪，平常總是穿著基礎款的白襯衣和黑褲子。據說，一位網紅教授曾勸說這位老闆拿點錢出來，出本書做做宣傳。老闆說，有錢出書還不如多種棵樹。

阿那亞的標誌性建築是一座佇立在海邊的孤獨圖書館，聚龍小鎮很有特色的一個建築是寫著孝、悌、忠、信、禮、義、廉、恥八個字的「八德亭」。在阿那亞，沒有老人跳廣場舞，因為馬寅和大部分業主都反對。在聚龍小鎮，老闆讓員工晚上下班後到湖邊跳廣場舞，最早的時候因為來跳舞的人少，老闆還要讓員工簽到，因為他覺得這樣才有社區氛圍。阿那亞的業主大多是中青年，聚龍小鎮的業主大多是老年人。阿那亞最受歡迎的社團是戲劇社、詩社，聚龍小鎮最受歡迎的社團是愛心義工社、退伍老兵服務隊、文明督導團等。文明督導團裡，六十多歲的團員都算是比較年輕的。六月三十日，聚龍小鎮的居民自發組織了一場獻禮「七一」的晚會，有三百多人到場觀看。

社群的畫風千差萬別，但對重建信任和親近關係的期待是共同的。你在聚龍小鎮能夠找到一種和阿那亞一模一樣的社群氛圍。鄰居見面會親熱地打招呼。社區的信用良品店裡沒有服務員，也沒有攝像頭，大家自己拿菜、秤重、付錢，如果沒有帶錢，就在小黑板上寫上欠了多少錢和聯繫方式，下回補上。如果想要訂購土雞土鴨，一樣寫在黑板上就行，第二天就會有人送來，宰好、包好的土雞土鴨貼著價籤，訂購的人自己付錢拿走就行。過年過節時，聚龍小鎮裡擺起一桌一桌的鄰里宴，吃完之後人們會自覺地幫助收拾碗筷，打掃得乾乾淨淨。

一北一南，一海一山，雖然人們習慣的集體生活方式會有差異，但你已經看到，他們都有重建社群的願望。每個人內心都有一種與人交流和溝通的願望，只是這種願望被壓抑得太久，我們好像已經忘記了。聚龍小鎮的老闆以前住在廈門的時候，高高興興地去找對門的人聊天，結果人家戒備心很重，這讓他很不開心。他想要找回那種鄰里鄉親之間的親近關係。聚龍小鎮的路邊和樓上到處都掛著「小鎮沒有陌生人，我們都是一家人」的標語。

阿那亞有個家史計畫。這件事情的起因很偶然。馬寅的媽媽有次整理家裡的老照片，馬寅在一邊看著，突然非常感慨。恰好業主李遠江原來是北京四中的歷史老師，一直想做全國青少年家史普及計畫，兩人一拍即合。大部分人都不會寫家史。於是，他們就組織大家做能做的事情，比如錄一句家鄉話，做一道家鄉菜，把家裡的老物件拿出來展覽，讓孩子們去採訪老人。這個計畫就像打開了一扇塵封已久的窗戶。人們突然意識到：有多少孩子已經連一句家鄉話都講不出來了？有多少人還能記起祖父母以上的先輩的名字？那些老人看起來不愛說話，但當有人去跟他們聊天，讓他們把話匣子打開，你才知道，原來他們有那麼多的故事！

為什麼會出現這種重建社群的新變量呢？這是一股由多種力量彙集而成的激流。第一種力量是豐裕社會，[3]第二種力量是擇鄰而居，第三種力量是網路連通。

在豐裕社會裡會出現一種反思。中國先是經歷了資源稀缺時代，爾後是高速增長時代。在這兩個時代，流行的社會觀念都是要像狼一樣頑強而凶殘地搶奪更多的資源，叢林法則成了一種道德信仰。如今，人們發現，在豐裕社會，私人財富雖然增加了，但公共產品變得更加稀缺。這是豐裕社會特有的煩惱。在這樣的豐裕社會，一個友善、互助的社群對人們幸福指數的提升變得更為重要。

擇鄰而居已成為一種新的生活方式。人是一種環境動物，當外在的環境發生變化，人的行為也會隨之改變，所以，和什麼樣的人住在一起很重要。這就是為什麼阿那亞的業主會說，他們在北京開車的時候會很暴躁，但回到阿那亞就不會搶道、鳴笛。過去，人們能選擇的是自己工作和居住的地點；如今，人們能夠更自由地選擇自己的鄰居，這尤其體現在購買度假房和養老房的時候。這樣的社區事先就有一種篩選機制，因此居民之間更容易形成認同和信任。

3「豐裕社會」是美國經濟學家加爾布雷斯（John Kenneth Galbraith, 1908-2006）在研究「二戰」之後的美國時首先提出來的，參見John Kenneth Galbraith, *The Affluent Society*. New York: Mentor, 1957。加爾布雷斯是一位名氣很大，但影響力被顯著低估的經濟學家。

網路幫助人們以線上方式加強線下協作。看起來，網路讓人們更沉湎於虛擬世界，脫離了現實世界。事實上，網路加強了人們線上下的交流。阿那亞的業主群讓「村民」不住在「村」裡的時候也能互相交流。在群裡發言交流的成本低，陌生人之間通過頻繁曝光的方式迅速互相熟悉。在線上你可以只展示自己的一部分，剩下的通過人的想像自動補足和美化。距離不僅創造了美，而且增加了彼此之間的吸引力。

我們之所以把重建社群當作二〇一八年最後一個，也是最重要的一個變量，是因為在二〇一八年出現了很多負面的社會現象。越是在灰暗的背景下，這種重建社群的努力就顯得越鮮亮。

二〇一八年二月十一日，正值春節年關，一名三十五歲的失業青年持刀在北京西單大悅城砍人，從六樓一路砍到五樓，導致一死十二傷。四月二十七日，陝西米脂三中校外的巷子裡發生一起惡性殺人事件，凶手手持匕首追殺學生，導致十九名學生受傷，其中九人死亡。這名凶手原來是米脂三中的學生，在村裡深居簡出，村民幾乎都不知道還有這個人。六月二十五日，山東煙台一名男子把叉車開到馬路上，瘋狂地襲擊過往的車輛，造成十多人傷亡，其中一人當場死亡。六月二十八日，一名二十九歲男子在上海世界外國語小學門口拿著菜刀砍剛剛放學的孩子，導致兩名男童死亡，另有一名男童和一名女性家長受傷。九月十二日晚，一輛紅色路虎SUV突然闖入湖南衡東縣洣水鎮濱江廣場正在休閒的人群，凶手隨後下車持摺疊鏟、匕首砍傷現場民眾，造成重大人員傷亡。這些令人震驚的事件就發生在我們身邊，我們不知道在未來同樣的悲劇是否還會重演。雖然我們無法深究每一樁慘案背後的故事，但有一點需要引起注意：當一個系統整體出現危機的時候，個體的悲劇是不可避免的。

這個世界並不會越變越糟，但通向美好生活的道路是由一粒粒砂石鋪就的：它可能是人們隨手撿起的一件垃圾，是鄰居見面時的一句問好，是邀請保安到自己家中吃的一頓年夜飯，是把社區馬路上的斑馬線漆成彩虹色的小小建議。

一個人的力量是渺小的，無法阻擋世間的洪流，但可以讓身邊的小環境變得更有尊嚴、更有趣味。阿那亞和聚龍小鎮並不是孤島，而是群島。很快這些群島上的燈光就能連成一片，讓相鄰的島上的人們能夠彼此相望，感到心安和溫暖，同時也能慰藉那些依然在海上漂泊，在迷茫、冷漠和不解中掙扎的孤舟。

劇情反轉

我相信重建社群在未來會成為影響中國的深刻變量，因為我相信：社會發展的劇情經常會有令人意想不到的轉變。

我舉一個例子來說明社會發展的劇情轉變。我們討論一下留守兒童的問題。

十多年前，我曾經參加過央視一個關於留守兒童的節目策畫。一群人你一嘴、我一嘴，講留守兒童的問題有多麼嚴重：中國的留守兒童數量已達六千萬；他們沒有得到父母的關愛，也沒有受過良好的教育；殘破家庭養出的孩子容易有心理疾病；男女比例面臨失調，未來會出現數千萬沒有工作、沒有住房、沒有老婆的絕望的單身漢。說到驚悚之處，一位年輕的導演怛然失色，很快就辦理了出國移民。

十多年過去了，留守兒童再度進入人們的視野。除了同情和關心，也有人開始擔憂甚至恐懼。曾經被遺忘、被歧視、被傷害的一代，長大之後會不會以各種方式漠視社會規則，甚至報復這個社會呢？每當一些社會惡性事件發生時，比如滴滴順風車司機殺人事件，都會有人指著涉事者說：看，他們曾是留守兒童。留守兒童真的成了社會的不安定因素了嗎？這種擔心顯然誇大其詞了。雖然我們不否認留守兒童中確實出現了一些有反社會傾向的極端分子，但這畢竟是少數。

那麼，時隔多年，留守兒童到底怎麼樣了？

為了弄清楚這個問題，我們去了北京房山、貴州興義、四川廣元等地的鄉村學校。我要帶你到我們去過的最偏僻的一所農村小學——四川廣元山區的范家小學，看看那裡發生的變化。你會發現，在條件出現變化之後，農村教育也隨之改變。你會看到，從大樹的根基慢慢地長出了嫩綠的新枝葉。

范家小學的孩子

行駛在崎嶇狹窄的山間公路上，如果稍微一走神，就會錯過范家小學。

范家小學的大門是在鄉下經常能見到的那種黑漆金粉的鐵柵欄門。學校有兩棟樓，一棟是二〇〇二年建的慶恩樓，另一棟是二〇〇八年地震災害發生後重建的嘉祺樓。二〇〇八年汶川地震引發廣元市青川縣地震，嘉祺樓在地震後被評估為C級危房。雖然進行了加固，但老師告訴我，有餘震的時候住在裡面還是很害怕。

范家小學小得不能再小了。學校裡一共有二十八名幼稚園孩子，四十三名小學生，十二名老師。其中，三十二名小學生和三名幼稚園孩子在學校住宿，一週回家一次。老師也住在學校裡，週末回家，他們的家在附近的寶輪鎮或廣元市。這些孩子來自周圍的五個村二十三個組。離學校最近的是荀村。荀村原來有四、五百人，但現在留在村裡的人已經不到一百個，大多數是老人和孩子。村裡很乾淨，農民家裡都蓋起了小樓，在新村建設的時候由鎮裡主導，房子統一刷成了白牆。村裡也有一些廢棄的土坯房。這裡唯一的公共活動場所是文昌宮。文昌宮裡有個戲樓，還有個供奉文昌菩薩的小廟。文昌宮的外面貼著一幅標語：「真是貧困戶，大家來幫助；想當貧困戶，很難有出路；爭當貧困戶，嚇跑兒媳婦。」看得出來，這裡的確是個偏僻貧窮的山村。

為什麼范家小學的學生這麼少呢？以前不是這樣的。以前這裡有中學、有小學，共有四、五百名學生。後來，外出打工條件好的父母陸續把孩子帶走了，剩下的人越來越少。從外地娶回來的媳婦一看這裡這麼窮，受不了的生完孩子就跑了。村裡夫妻離異或者由爺爺奶奶帶孩子的情況很多。

這裡的每一個孩子都有自己的故事。你看在食堂吃飯的那個小男孩，個子太矮，坐在椅子上夠不著，只能站著吃飯。他長得很乖，招人疼愛。他的媽媽患了精神疾病，發病的時候得綁起來。他旁邊的那個小男孩，憨厚老實，剛剃了個「茶壺蓋」頭，那是他的舅舅。你再看那個瘦瘦的高個子學生，腦袋上只有短短的頭髮茬，仔細看，你會發現是個女孩。她夏天時頭上長瘡，就把頭髮剪掉了，成了這個怪模樣，但沒有一個孩子在意，她自己也毫不在意。坐在角落裡吃飯吃得很慢的小男孩患有智力障礙。有個男孩總是拖著鼻涕，老師說他最調皮搗蛋，但他跟老師談心的時候說，自己這樣做只是為了引起爸爸的注意。他的爸爸媽媽早戀，媽媽十七歲就生下他，後來跑掉了，爸爸天天打遊戲，動不動就打罵孩子。

但他們是我見過的最快樂、最自信的孩子。

早上是開學典禮。開學典禮上沒有領導致辭，只有家長圍觀，大多是老人家。開學典禮上有簡單的儀式。老師給孩子整理衣冠，孩子給老師敬茶。大孩子全都站起來，向老師三鞠躬。幼稚園的孩子不知道這是幹啥，也站起來有樣學樣。一場開學典禮，一半的時間是在給孩子們發各種獎狀。一個小姑娘拿了好幾個獎狀和獎品，下台的時候就跑過來交給台下的父母。

開學典禮之後，孩子們開始上課。一個班多的有六、七個學生，少的只有四、五個。每個班都有自己的教室，教室裡有沙發，有圖書角。牆上是孩子們畫的畫。教室黑板上剛剛裝上液晶顯示器，旁邊還有投影儀。上課不需要打下課鈴。低年級的孩子上二十分鐘左右就休息一下，高年級的孩子一節課上四、五十分鐘。

我到一個教室聽課，卻看到語文課上老師正帶著孩子們做水果沙拉，其實就是把優酪乳澆到切好的水果上。孩子們做得開心極了，下了課就把做好的水果沙拉拿出來，跑到各個教室送給同學吃。他們也沒忘記坐在後面的我。好幾個孩子路過我的時候都把沙拉遞給我吃。我上學的時候從來沒有學過該如何應對這樣的場面，只好窘迫地擺擺手說，你們吃啊，不用給我啦。有兩個孩子堅持餵到我的嘴裡。他們的眼睛裡沒有怯懦，有的是一種開放的善意。跟他們聊天時，他們得意地說，這還不是最好玩的，最好玩的是有一次老師和同學一起做酸菜魚，做完就直接吃掉。

另一個教室裡也在上課，老師在教繪本《今天我的運氣怎麼這麼好》。孩子們輪流到教室前面講自己的看法。每個孩子上台時都落落大方，講完了別的孩子會一起為他鼓掌。隔壁的教室裡，六年級的孩子在用平板電腦做數學題。休息時間，我問他們長大都想幹啥。一個男孩的理想是當棒球教練，一個女孩想當老師。

下午是美術工作坊，不同年級的孩子都在一起。大孩子會照顧小孩子，給他們遞調色盤。老師教大家畫青花瓷，孩子們就動手畫。也有畫螃蟹的、畫不規則鋸齒的，老師在旁邊笑瞇瞇地看著他們。

一轉眼，所有的孩子都到操場上玩了。范家小學變成了花果山。一群小男孩跑出去玩寶劍。一個男孩和一個女孩在踢足球。有個小男孩拉著我，要跟我玩跳棋。他並不會玩跳棋，我想教他，但他制止了我。他有自己的規則，他把跳棋棋子在棋盤上擺出一個圖案，然後拍手叫好：它們排成隊了！我的後面有個六、七歲的小姑娘在跟我玩捉迷藏，我把手伸到後面，作勢要抓她，她就開心得咯咯笑。

現在，讓我給你講講我在第一章提到的李娜的故事。我在來范家小學之前，看到一個叫李娜的小朋友的畫作。她去看了文昌宮的廟會，回來之後畫了個「六宮格」，每個格子裡有一幅圖，還配了文字解說。一幅圖畫的是：叔叔烤的肉串很好吃。另一幅圖畫的是：今天的電影讓我懂得了很多道理。還有一幅圖引起了我的注意，她配的文字是：燒香拜佛了，我希望爺爺奶奶以後不再吵架。你能猜得到，這一定是一個家庭環境非常複雜的孩子。但是，讓我特別有感觸的是，這個孩子已經懂得把心裡灰暗的那個部分找個格子放進去，妥妥地放好，然後就可以放飛心中快樂的部分。

到了范家小學之後，我想找到李娜。老師告訴我，李娜今年剛剛畢業。我了解到，李娜的家裡確實非常艱難。李娜的媽媽在生她之前便身患精神疾病，癱倒在床，生活不能自理。她的爸爸無法承受家裡的貧窮和變故，拋妻棄女，長年在外打工，十多年來從不回家，連電話也不打一個。天氣晴朗的時候，李娜把媽媽拉到院子裡曬太陽，下雨的時候把媽媽扶到屋簷下，平日裡要給媽媽端水餵飯，洗衣洗澡。李娜從小就要幫著爺爺奶奶掃地、洗碗、幹農活。媽媽最後還是在她上五年級那年去世了。十一歲的李娜比我們大多數成年人都更懂得坦然接受命運的餽贈：既不抱怨，也不抗拒。

那個跟我玩捉迷藏的小姑娘拉著我的手，讓我過去陪她盪鞦韆。我跟她聊天聊得很愉快。

「你上幾年級啊？」

「一年級。」

「喜歡不喜歡上學呢？」

「今天是開學啊，我穿的是最好看的玫瑰花裙子，我喜歡玫瑰花。」

「爸爸媽媽在家還是在外地啊？」

「爸爸媽媽在昆明。」

「想不想爸爸媽媽？」

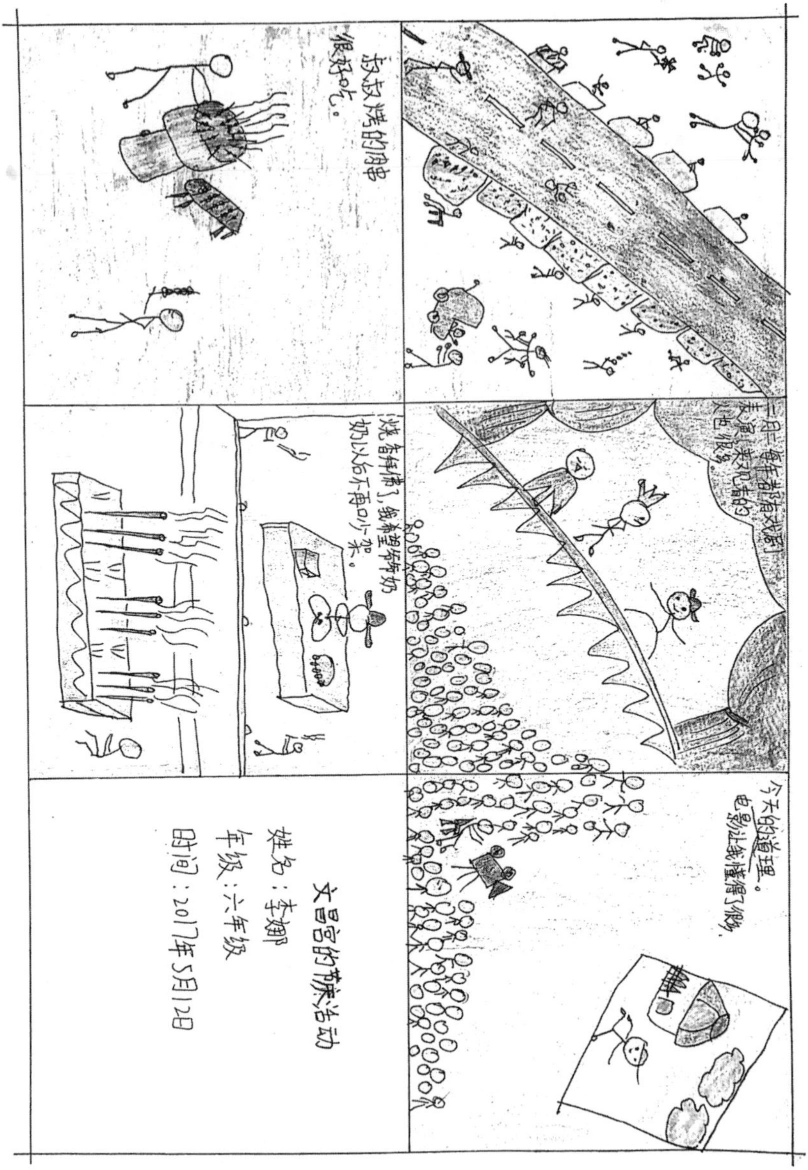

《文昌宮的節慶活動》（圖片來源：李娜）。

「想。爸爸媽媽要賺錢，給我買好吃的。」
「喜歡同學嗎？」
「我最好的朋友在這裡。」她指指旁邊一個穿白裙子的小姑娘。
「最喜歡哪個老師呢？」
她指指我。
「喜歡你們張校長嗎？」
「張校長？張校長是哪一個？」

張校長

張校長叫張平原，一九六八年臘月生人。他身穿黑色T恤、黑色長褲、黑皮鞋，皮膚黝黑，戴著一副黑框眼鏡。張校長說自己是個糙人，只有在正式場合才會穿白襯衫，不然容易把衣服弄髒。張校長開一輛黑色的中華車，車裡有點髒，一年要換兩次車胎。這輛車公私兩用、客貨兩用，每次到鎮上去都順道拉回一些教學物資。在山路上，他開得飛快，這條路他閉著眼睛都能記得。

張平原的家在四十公里之外，要翻過一座山才能到。荀村的老鄉把他叫作外地人。張平原上小學的時候成績平平，懵懵懂懂就畢業了。他初一休學一年，因為母親生病。那時，他到田裡種地都會隨身帶著書。一年之後他回到學校，需要復讀一年。結果，從那開始他突然開竅了，燒火做一頓飯的時間，就能背會朱自清的〈春〉和老舍的〈濟南的冬天〉，做數學題的時候能自己找到規律。老師覺得他是個好苗子，於是，家裡殺了一頭豬，換了錢又把他送去鎮上讀書。他成績很好，所以考上了中師，也就是中等師範學校。當時，中師是家庭條件一般但成績頂尖的學生才能考進去的，因為進了中師就開始領工資，比他學習差一點的同學才讀高中、考大學。

張平原當了十五年班主任，換了六所學校。區教育局的領導讓他來范家小學，他一開始不願意，這所學校太偏僻了。後來，區教育局的領導也跟他說了實話，別的地方關係錯綜複雜，只有這個偏僻的地方沒有人想來。張校長剛到范家小學的時候，都不敢跟家裡說。到了這裡，他整夜整夜地睡不好覺。這種又差又偏的小學校，到底該怎麼辦啊。

事物的發展會出現逆轉。換一個角度來看，鄉村小學的劣勢可能就是其優勢。最薄弱的環節最有可能是突破口。這所農村的學校已經差得不能再差了，改革的空間很大，因此張校長才有施展才幹的機會。城市裡的學校是現有管理體制和利益格局下的既得利益者，會想方設法盡量保住自己在現有體系中的位置，改革的空間很小，所以它們一直沿襲著陳舊的教學體制。

農村的學校學生流失問題嚴重，但老師的編制又不能跟著學生的流動轉走，於是，師生比越來越高，這就能讓老師給予每個學生更多的關注。反觀城市裡的學校，都是大班大校。大規模學校實行的是軍事化管理、精細化管理，老師想把學生都變成一個模子裡刻出來的，這樣教起來才簡單。小班才是未來的趨勢，學校的最佳規模是師生相識。看學校要看師生關係，我們在范家小學看到孩子們和老師的關係非常融洽，老師會情不自禁地拍拍孩子們的臉蛋兒，孩子們會直接衝到老師的懷裡。

農村的孩子很難和城裡的孩子公平競爭。農村孩子想考上大學，要付出比城裡孩子艱辛得多的努力。我問參加開學典禮的家長，希望自己的孩子長大以後幹什麼。他們都說，只要孩子快樂就好。想不想讓他們上大學呢？當然想了，但得能考得上啊。恰恰是因為農村人對「高考改變命運」、對考試成績不再有太多的執念，反而能夠讓農村學生深入接觸素質教育。我在范家小學的布告欄裡看到他們的辦學目標：辦美麗鄉村學校，育陽光自信少年。學校對孩子們有哪些要求呢？學生要有閱讀的愛好，能寫一手漂亮的字，能流利地朗讀，能當眾表達自己的想法，保持積極向上的態度，形成愛清潔的衛生習慣，有兩項體育愛好，一項藝術愛好。最後才是：課業發展良好。

農村的學校還會遇到一個問題：很難按照傳統的各個學科配置任課老師。一個老師往往身兼數科，於是，他們必須想方設法設計綜合性的課程。無意之中，他們的教學方法居然很像被各國仿效的芬蘭專案式教學。教學資源有限，必須就地取材，所以農村學校就要引入鄉村社區現有的資源。比如，范家小學組織學生去參加文昌宮廟會，調查村子裡的一口老井到底在哪兒，參觀水電站，到山上採蘑菇和草藥。這些鄉土課程潛移默化地強化了學校和所在鄉村社區之間的聯繫。

張校長的教育理念是從哪裡來的呢？他沒有留過學，讀書也不多。我在他的書架上找到了一本華南師範大學郭思樂教授的《教育走向生本》。這本書的前半部分，張校長讀得很認真，畫了不少道道，後半部分就新嶄嶄的了。他的教育理念更多地來自自己的經歷。農村孩子都是這樣不怕吃苦、努力奮鬥。張校長也好、農村學校的師生也好、村裡的村民也好，仍然發自內心地信奉中國三千年來的傳統美德。是的，他們不再相信「高考改變命運」，但他們仍然相信要學會吃苦耐勞，他們仍然相信要孝敬父母、與人為善、熱愛家鄉。這些「老理兒」就是中國文化這棵大樹的樹幹和樹根。教育原本就不需要創新，只需要糾偏。

為什麼鄉村小學裡沒有霸凌？為什麼來自殘破家庭的孩子也能陽光自信？

那些對留守兒童有誤判的人，是因為他們錯誤地理解了教育理論。他們認為，由於缺乏父母的陪伴，留守兒童一定會變成問題兒童。他們忘了，像我們這一代人，父母都是雙職工，真正陪伴孩子的時間也很少。放學之後，我們都是脖子上掛著鑰匙自己回家的。在傳統的農業社會，帶孩子的任務向來是交給哥哥姊姊，父母很少關心孩子的教育。英國的貴族階級曾經流行把孩子送到寄宿學校，或是由管家和家庭教師照看，父母從不參與對孩子的教育。一樣缺乏父母的陪伴，為什麼我們會把留守兒童單獨挑出來當成社會問題呢？

著名心理學家裘蒂斯・哈里斯（Judith Rich Harris）在《教養的迷思》（*The Nurture Assumption: Why Children Turn out the Way They Do*）一書中提到，對孩子的成長影響最大的社會環境是由同齡人組成的社群，並不是父母。[4]孩子是要和自己的同齡人一起長大的，他們更在意自己在同齡人中的社會地位。他們向同齡人學習得更多，對父母的建議只會擇有用者而從之。老師之所以能夠影響孩子的成長，不單單因為他們是老師，還因為他們是「孩子部落」的「酋長」，他們能影響「孩子部落」的行為規範和遊戲規則。非洲有一句諺語：培養一個孩子需要一個村莊。范家小學就是這樣的村莊。雖然這裡的孩子大多來自殘破的家庭，但范家小學給了孩子們最需要的東西：一個平等、包容、自信、樂觀的社群。

不僅成年人需要社群，孩子也需要社群。只有當我們重建孩子的社群，才能真正教育出陽光自信的孩子。懂得社群的重要性的家長，對孩子的教育也會有不同凡俗的體會。當我在阿那亞調研的時候，咖啡館老闆娘曾經說過，美中不足的是阿那亞還沒有辦自己的學校。我

4 裘蒂斯・哈里斯（Judith Rich Harris）著，張慶宗譯，《教養的迷思：父母的教養方式能否決定孩子的人格發展？》（*The Nurture Assumption: Why Children Turn out the Way They Do*）（上海：上海譯文，二〇一五）。

相信，如果阿那亞辦一所小學，一定會更像范家小學，而不像北京市的那些所謂的名校。

像范家小學這樣的農村學校不止一家。二〇一七年，農村小規模學校聯盟把北京市房山區蒲窪中心小學、河南省開封市蘭考縣程莊小學、河南省商丘市梁園區王二保小學、四川省廣元市利州區微型學校聯盟的范家小學和石龍小學評為「小而美」種子學校。除了這幾所學校，在河南濮陽、湖南湘西、甘肅平涼、浙江縉雲、江蘇啟東、山西呂梁，都能找到篳路藍縷、艱難求索的農村學校。曾經擔任過北京大學附屬中學校長的康健老師告訴我：「未來十年、二十年，最好的學校一定是在農村，是小規模學校。」

用不著再等十年、二十年，我在二〇一八年就已經找到：中國教育理念最先進的學校，不是北京或上海的公辦名校、國際學校，而是四川省大山深處的一所農村寄宿小學。

兩條路

每年到了高考臨近的時候，位於大別山深處一個偏僻小鎮的毛坦廠中學就會變成一片沸騰的海洋。老師帶領全校學生聲嘶力竭地喊口號。家長在一棵百年楓楊樹下燒香，香灰堆了一米多高。一面嶄新的錦旗上寫著：「我求神樹保佑，我子考上一本。」二〇一八年，毛坦廠中學共有五十九個應屆高三班，六十八個復讀班，加起來一共有一百二十七個畢業班，高考考生一萬五千人左右。六月五日，全鎮萬人空巷，歡送坐在一輛輛大巴車上的考生奔赴高考考場。這已經成了毛坦廠鎮的一個特殊「節日」。

安徽的毛坦廠中學和河北的衡水中學是農村學生高考的代言人。對毛坦廠中學，輿論一直褒貶不一。批評毛坦廠中學的人說，這就是一個專制的高考機器，沒有教會孩子們健康成長。支持毛坦廠中學的人說，高考是最公平的競賽，是寒門士子靠自己的努力改變命運的最好通道。哪種觀點是正確的？這兩種觀點都是錯誤的，都沒有看到未來的趨勢。

讓我們再回到李娜的故事。

假設李娜讀完了初中和高中，六年之後，她也會面臨高考。如果她靠自己的努力，能夠像崔慶濤一樣考上北京大學，我們當然會為她祝福。如果她沒有那麼幸運，沒有考上理想的大學，她會怎麼辦呢？

一條路，她可以像毛坦廠中學的那些學生一樣選擇復讀。毛坦廠中學的學生有一大半是高考失利，回頭復讀的。二〇一八年，毛坦廠中學學生的本科達線率為百分之九十五・七。但是，這些考生中能夠考上北京大學、清華大學這樣一流大學的並不多，絕大部分考生只不過是通過題海戰術的殘酷訓練，略微提高了成績，大部分考生考上的還是二本、三本學校，上的是普普通通的大學。在很多人眼裡，這就是勵志，這就是知識改變命運。

另一條路，李娜可以不走復讀這條道路，而是去尋找其他的職業，去尋找其他的發展機會。在這條道路上，她又能走得多好呢？很多人對這條道路充滿了恐懼或鄙夷，在他們看來，如果高考失利，留給農村孩子的選擇無非就是到工廠打工、到城市送快遞、給城裡人做保母，或者去開順風車。難道農村孩子未來的人生道路一定如此狹窄嗎？

這個世界正在改變，但教育體制傲慢地拒絕改變。一條看似寬敞的道路，最後可能會發現是斷頭路，而看起來崎嶇的道路，或許會峰迴路轉、柳暗花明。我們可以想像出很多職業，比如廚師、健身教練、化妝師、網路寫手、網路主播、民謠歌手、無人機飛手、電子競技選手、果農、民宿老闆、推銷員、股票投資者，哪一個職業不比坐辦公室更酷？哪一個職業又是毛坦廠中學或大學能夠教出來的？想走這條路，需要的是激情、熱愛、自信、好奇、與人合作。

這些都是李娜在范家小學學會的。如果范家小學在李娜心田裡種下的種子沒有受到摧殘，如果她依然能夠保持十一歲時的通透和達觀，無論她走上什麼樣的道路，都一定會收穫一個充實、快樂的人生。

時代變了，收入分配也會改變。請你記住：未來的收入分配是一條N形的波浪曲線。在未來，僅僅靠出賣自己的勞動力，幹髒活和累活的勞動者收入會越來越高，受過專業訓練的熟練勞動者收入更高，這是第一個小波峰。隨後，收入水平會急劇下降。剛剛畢業的大學生收入水平是最低的，這是個波谷。最後，那些最具有創造力的天才人物收入水平最高，這是最高的波峰。

幹髒活、累活的勞動者收入會提高。為什麼會這樣呢？隨著勞動力數量的減少，人們收入水平的提高，髒活和累活誰都不願意幹，自然要給幹這些活的人開更高的工資。二〇一八年來自美國舊金山的一條新聞說，由於舊金山市區流浪漢很多，公共廁所太少，導致街道上留下了很多糞便，舊金山市政府不得不請人專門清理糞便，這些清理糞便的工人的工資比矽谷資深程序員的工資還高！

受過專業訓練的熟練勞動者收入水平更高，因為物以稀為貴。這些靠技能吃飯的職業，發展空間比我們想像的更大。你如果真心喜歡廚藝，就不會只滿足於做個廚師，你會不斷提升自己的手藝，爭取當上大廚，甚至贏得國際獎項，開一家自己的米其林餐廳。你可以用一輩子專心致志地做一件自己喜歡的事情，收入不差，受歡迎程度更高，獲得的滿足感和成就感會比坐辦公室的人高很多。

未來收入水平最低、就業最困難的恰恰是剛剛畢業的大學生。他們缺乏工作經驗，在大學裡學到的知識一出校門就會過時，他們尋找的工作是最容易被人工智慧替代的。他們以為自己拿到了通行證，但未來的大學文憑不能為他們做任何保證。有多少大學生畢業之後幹的是自己所學的專業？有多少幹自己所學專業的人，憑著在學校裡學到的那些東西，到頭來能幹出名堂的？

只有極少數能保持自己的興趣、沒有讓創造的火焰熄滅的那些人，才會變成發明家和創新者。他們可能上過大學，也可能沒有上過，還有可能考上了大學又選擇退學。未來最成功的人是終身學習者，跟有沒有上過大學沒有太大的關係。他們能成功是因為他們知道如何成為終身學習者。一些引領潮流的大企業，比如蘋果、谷歌、ＩＢＭ，甚至包括美國銀行、希爾頓集團、勞氏、星巴克，都已經表示不再設置學歷門檻，願意接受沒有上過大學的求職者。只要你有能力，它們就能為你提供高薪崗位。

孩子，你大膽地朝前走吧！

夕陽無言

太陽本來很晒，在操場上玩一會兒就滿頭大汗。快到傍晚的時候，初秋的陽光突然收斂了光熱，變得格外明媚。有一半太陽已經沉到范家小學主樓後面的小山另一側。夕陽給雲朵染上了一層柔和的金色光芒，沒有被夕陽照到的雲朵則顯得更加灰暗。教學樓前的操場上鋪滿了陰影。校門口的黑色鐵門在夕陽的照耀下熠熠生輝。遠處的青山上，一道炊煙升起。如果沒有這道炊煙，你根本看不出密林後面還有人家。

范家小學食堂的炊煙也升起來了。柴房裡堆著老師和孩子們撿來的枯樹枝、乾松針，還有摞起來的松木、青岡木的薄木板。炊煙裡隱隱傳來一股松香味。孩子們拿著小碗，排隊等著取飯。一個小女孩來得有點晚了，她急急忙忙地跑過操場，餘暉在她的身上搖曳閃爍。

天安門廣場上剛剛降下國旗。這一天，北京的天空格外藍。夕陽把厚厚的雲朵裝扮得金碧輝煌，廣場周圍的松樹在暮色中像一張張剪影。華燈初上，很多路燈上都插著一面中華人民共和國國旗和一面中非合作論壇的白色旗幟，還有些路燈上插著說不出名字的非洲各國國旗，獵獵飄揚。哨兵站得筆挺，腳下放著一個綠色的滅火器。警車頭上的燈忽閃忽閃。人們拿著長筒相機或舉著手機拍照，一個戴著口罩的女人湊過去看她老公拍下的視頻。

太陽的最後一縷光芒，照著北京城冷冷清清的建築工地，照著社區裡踢足球的孩子們，照著回巢的鴿群，照著疲憊而焦躁的車流，照著阿那亞海邊孤獨圖書館白色的牆壁，照著一隊從北往南飛的大雁，照著在聚龍小鎮跳廣場舞的男男女女，照著荀村文昌宮旁邊三三兩兩坐在一起擺龍門陣的老人，照著村頭被山洪衝垮的斷橋，照著山坡上長得稀稀拉拉的玉米地，照著寂靜不語的青山，照著時而嗚咽、時而沉默的菖溪河，照著停在路邊野花上的一隻黑色蝴蝶。

太陽既不留步，也不趕路。它像雪花一樣寂靜，像清風一樣拂面。它看到了世間的一切祕密，卻只是無言地照在所有幸福與不幸的人身上。

看點05

托克維爾定律

我們必須建立一種社群生活，才能更好地發現自我；只有當人們在公共生活中學會如何彼此相處，一個社會才能更加平等、和諧。

從雲到雨規律

社群的形態與發展各有不同，既離不開關鍵人物的刺激推動，也離不開其中每個人自發的相互作用。關鍵人物是「凝結核」，每一個參與者都帶來了「水氣」。

劇情反轉

社會發展的劇情經常會有令人意想不到的轉變，劣勢可能會變成優勢，絕路可能會變成生路。這意味著中國這棵大樹的母體有著極為旺盛的生命力。

重建社群趨勢

重建社群趨勢背後的力量，有豐裕社會中的精神需求化，
有擇鄰而居的新生活方式選擇，
同時也有溝通工具升級的助力。一個個社群不會成為封閉的孤島，
他們會連成一片，給人們帶來慰藉和希望，
慢慢改變我們的社會。

小而美學校

社群的力量已經開始在一些被我們忽視的角落裡發揮作用，
比如農村小學。如果農村學校能夠給孩子提供平等、包容、自信、樂觀的
社群環境（這恰恰是農村小班教學的優勢），
農村孩子的成長將不再是需要擔心的社會問題，
他們反而可能比生產線式的城市教育產物更加適應社會的需要。

N形波浪曲線

在未來，僅僅靠出賣勞動力，幹髒活和累活的勞動者收入會越來越高，
受過專業訓練的熟練勞動者收入會更高，這是第一個小波峰。
隨後，收入水平會急劇下降。剛剛畢業的大學生收入水平是最低的，
這是個波谷。最後，那些最具有創造力的天才人物收入水平最高，
這是最高的波峰。

後記

這件將影響我後半生的大事，是在一次飯桌上花了五分鐘時間拍板定下來的。當時，我跟得到的創始人羅振宇聊起，自己很想像美國記者威廉・曼徹斯特（William Manchester, 1922-2004）一樣寫出《光榮與夢想：一九三二—一九七二美國社會實錄》（*The Glory and the Dream*）那樣的書。羅胖認真地問：「那你為什麼不寫呢？」我正想找各種託詞，但突然意識到：是啊，為什麼我不寫呢？這正是我一直以來夢寐以求的事情啊。我最需要的就是這臨門一腳。我要感謝羅胖對我的鼓勵和支持，否則我絕無勇氣承擔這樣龐大的寫作工程。

從二〇一八年起，我將每年寫一本書，一共寫三十年，講述我們這個時代的中國故事。為了把這件事情做好，我制定了七條規則，誡勉自己，也希望得到你的理解和支持。我把這七條規則稱為「何帆規則」，具體內容如下。

何帆規則

規則 1 我會在未來三十年用最多的精力、最大的熱忱完成這項工程。三十年，一年一本書，共三十本書。

規則 2 這套書中涉及內容的採訪完全由我和我的團隊完成。這套書的寫作完全由我個人完成。如果由於健康問題，我寫不動了，或是寫不完了，剩下的工作將由我指定的接班人完成。

規則 3 在寫作這套書的時候，我的身分不是學者而是學生，不是評論員而是觀察者和記錄者。我要看的時代背景非常恢宏，但我關注的更多是平凡人。我要寫平凡人做的不平凡的事情。

規則 4 我會盡可能地通過採訪獲得第一手資料來做研究。我會為此採訪各行各業、三教九流的人士。我會為此跑遍中國所有的省市。如果有必要，我也會為此跑遍跟中國故事有聯繫的其他國家。

規則 5 我會堅持獨立的個人觀點。當然，我深知這樣的決定意味著這套書中將無法避免偏見和錯誤。這些偏見和錯誤都由我個人承擔。

規則 6 我保留對書稿的最終修改權。我的書稿一般不會發給受訪者，但我會盡可能認真地核對所有的細節。如果受訪者要求我按照他們的想法修改，我只能要麼在書中放棄這部分採訪的內容，要麼在修改的地方註明：此部分已根據受訪者要求修改。

規則 7 我鄭重聲明，這套書中不包含任何植入廣告、商業推廣或其他宣傳。

致謝

沒有一本書是靠作者本人獨立完成的。今年的年度報告，我要感謝我的團隊成員：昝馨、張向東、葉芊林、周彥、潘雨晴、宋笛、李蕊和文詩韻。感謝得到的朋友：羅振宇、脫不花、宣明棟、邵恆、梁建成、白麗麗、車灝楠、牛子牛。感謝中信出版社的方希、李英洪、蔣永軍、曹萌瑤、李紅梅、姜莉君、房博博。感謝我的家人、朋友的支持。最後，也是最重要的，感謝所有接受我採訪的朋友，我從你們那裡不僅學到了很多知識，更受到了很多鼓舞。

希望各位讀者朋友能夠對我的這項嘗試提出寶貴的批評和建議，也希望你能向我提供更多的採訪線索。歡迎通過郵箱（hefan30years@163.com）與我聯繫。

創新觀點31

變量：看見中國社會小趨勢

2019年12月初版　　定價：新臺幣380元

著者	何帆
校對	吳美滿
封面設計	兒日
編輯主任	陳逸華

出版者	聯經出版事業股份有限公司
地址	新北市汐止區大同路一段369號1樓
編輯部地址	新北市汐止區大同路一段369號1樓
叢書主編電話	(02)86925588轉5310
台北聯經書房	台北市新生南路三段94號
電話	(02)23620308
台中分公司	台中市北區崇德路一段198號
暨門市電話	(04)22312023
台中電子信箱	e-mail：linking2@ms42.hinet.net
郵政劃撥	帳戶第0100559-3號
郵撥電話	(02)23620308
印刷者	世和印製企業有限公司
總經銷	聯合發行股份有限公司
發行所	新北市新店區寶橋路235巷6弄6號2樓
電話	(02)29178022

總編輯	胡金倫
總經理	陳芝宇
社長	羅國俊
發行人	林載爵

行政院新聞局出版事業登記證局版臺業字第0130號

本書如有缺頁，破損，倒裝請寄回台北聯經書房更換。　　ISBN 978-957-08-5420-6 (平裝)
聯經網址：www.linkingbooks.com.tw
電子信箱：linking@udngroup.com

國家圖書館出版品預行編目資料

變量：看見中國社會小趨勢/何帆著．初版．新北市．聯經．
2019年12月．256面．14.8×21公分（創新觀點31）
ISBN 978-957-08-5420-6（平裝）

1.未來社會　2.經濟預測　3.中國

541.49　　108019100